JN055530

じゃおどりの世界

長崎龍学

NAGASAKI RYUGAKU

河野 謙

ー 目次 ー

NAGASAKI RYUGAKU

河野謙

写　　真：岩崎隆　　上清太郎（3D）　久保岳穂　月光スタジオ
　　　　　坂本眞哉　関口八代美　　山下貫一
デザイン：酒村勇輝

※本書の出版にあたり、公益財団法人長崎バス観光開発振興基金から2022年度助成事業として出版資金の援助をいただきました。

東栄不動産株式会社 ☎095-824-2417
https://www.viva-city.jp
〈ビバCLUB会員募集中〉
(公社)長崎県宅地建物取引業協会会員・宅地建物取引業 長崎県知事(5)第3170号 本社／長崎市栄町4番17号TEL:095-824-2417

「龍踊り」を「じゃおどり」と読むフシギ

ごあいさつ

私は「蛇踊」という表記には抵抗がありますが、「じゃおどり」という言葉は大好きなのです。龍踊りは演じる人だけでなく、見る人の心をワクワクさせます。皆様にお届けするこの本では、龍踊りの魅力に触れてみたいと思いペンをとりました。

唐人屋敷から始まった伝統芸能は、多くの人の心を虜にしています。龍踊りには長い歴史があり、多くの人達が龍踊りを守りながら、長崎くんちの花形といわれるところまで昇華させて受け継ぎ、バトンを渡し続けているのです。今の私が型破りと言われながらも龍踊りに関われるのは、今までの道のりの中、先人たちが引き継いで下さったおかげだと感謝しています。この本では、龍踊りを知らない人には興味を持ってもらい、龍踊りをご存知の方にはもっともっと大好きになってもらいたいと思っています。どうぞ、私の「じゃおどりの世界」をお楽しみください。

「龍踊り」を「じゃおどり」と読むフシギ

「じゃおどり」は「蛇踊り」?「龍踊り」?

龍踊りの歴史を調べているうちに気になっていたことがありました。江戸時代には、龍の踊りなのに「蛇踊」と表記して、「蛇踊(じゃおどり)」と読ませたことです。

江戸時代から昭和20年(1940)代までは、「蛇踊」と書かれています。しかし、長崎県外の人に「じゃおどり」と読んでもらえずに、「へびおどり」といわれて困ったことが何度もあり、どうしたものだろうかとの論議が起こったそうです。学者や郷土史家などと関係者が協議した結果、昭和32年(1957)から、長崎くんちのプログラムが「龍踊」に変わり、昭和39年(1964)に無形文化財に指定されたときに、漢字は「龍踊」を用いて、ふりがな「じゃおどり」をつけることになり、現在に至っています。

マスコミなどは、原則的に送り仮名「り」を付けて「龍踊り」と使われるのが普通のようですので、この本でも「龍踊り」と使うこととしました。

ここからの文章の中に少々くどいところが出てきますが、これは読んでくださる皆様に、「じゃおどり」表記の違いを理解していただき、後の章からはスムーズにいくようにと思い、書かせていただきます。

▲長崎古今集覧名勝図絵

参考図書

龍踊りの歴史を調べてみましたが、龍踊りの歴史だけをまとめた本はあまりありませんでした。ただ一冊だけ宮崎清成氏の『長崎蛇踊の由来』(1952年刊)は、大いに参考になりました。

最近出版された本では、長崎短期大学章潔講師が『長崎の祭りとまちづくり』(2014年長崎文献社刊)の中に長崎くんちとランタンフェスティバルでの龍踊りを、比較研究されている文章があります。また、長崎大学多文化社会学部・王維教授が、『今と昔の長崎に遊ぶ』(2021年刊)の中に龍踊りを丁寧に説明されている文章があります。こちらは観光的視点を基本に据えた解説がわかりやすく述べられています。

もうひとつ、立命館大学産業社会学部・原尻英樹教授の『長崎のジャオドリと筑後の大蛇山』(2018年刊)の前半で、歴史や蛇信仰とともに現在のくんちジャオドリが紹介されています。

▲(左から)『長崎蛇踊の由来』、『長崎のジャオドリと筑後の大蛇山』、『今と昔の長崎に遊ぶ』、『長崎の祭りとまちづくり』

蛇信仰と芸能とを関連される論法には、多少の飛躍を感じている私です。

それとは別に江戸時代には、古版画や図版が出版されており、長崎名勝図絵等の長崎の古い資料や、長崎の本籠町の町民が「蛇踊り」興業を大阪、名古屋、東京でおこなった時の見物記や、長崎遊学にきた人々がくんちを見て記録した紀行文などありました。

▲八岐大蛇（やまたのおろち）

▲大蛇山（だいじゃやま）

日本の郷土芸能

出雲の郷土芸能に登場する「八岐大蛇（やまたのおろち）」も蛇という文字が使われているのに、頭は龍になっています。大牟田の「大蛇山（だいじゃやま）」も同じです。大牟田市が発行した「大牟田の宝もの」には　＜大蛇でない龍の形をした（だいジャでないリュウのかたちをした）山車が町を練り歩く祭りである＞　と書かれているので、大牟田の方も蛇と龍との言葉使いの違和感に気が付いているようです。

蛇とは、龍とは

世の中には、蛇と龍はまったく違うとか、蛇の進化系が龍であるとか、見た目は違うけど本質的には同じとの、いろいろな説があります。蛇と龍の違いはいろいろな書物を読んでも私が理解できる答えがなかなかありません。確実な違いは、蛇は実在する生き物で爬虫類に属し、龍は人々の想像上の架空の生き物だということでしょう。国語的に考えてみると、龍は「じゃ」とは読みません。「龍踊り・じゃおどり」は近年作られた長崎だけで通用する方言・キラキラネームと言えます。

蛇は、古代において水神であり山神であり、雨や水を司る神とされています。雨はときどき雷を伴い、稲光が蛇の形に似ていることから雷神ともいわれました。農作物の成育には水が必要なことから農業と結びつくといわれ、洪水は一時的には農業に害を与えますが、その一方で

「禍転じて福となる」、肥えた土地を生み出すといわれています。蛇イコール農耕に必要な神と理解すると、神とあがめられた蛇が、いつしか人々の希望の姿へと変わり、グレードアップして実在しない龍が誕生したのだろうと、私は考えています。

龍は、髭（あご・なまず）、耳、髪の毛、足が分かれた尻尾、そして炎があります。蛇にはなかったパーツがいくつも見られます。人々が蛇も龍も農業の神とし、強くたくましい架空の生き物を作り出あげました。龍は人々の心の中に希望として存在しており、中国では力強さの象徴であり、皇帝のシンボルと言われた時代もありました。それとは別に干ばつが続いたとき、農民を助けるため雨を降らせ、作物にエネルギーを与えるという言い伝えなど、龍の姿に関しては多くの伝説や言い伝えがあります。地球上に実在しない生き物なので人々が作り出す時には必要なパーツが付け加えられています。

組み合わさったパーツの起源といわれるモノを列記してみます。①獅子の鬣（たてがみ）、②蛇の首、③牛や馬の耳、④鹿の角、⑤駱駝の頭、⑥鬼や狼の目、⑦魚の鱗、⑧蛤のお腹、⑨鷲の脚、⑩虎の掌底、⑪鷹の爪、などといわれています。

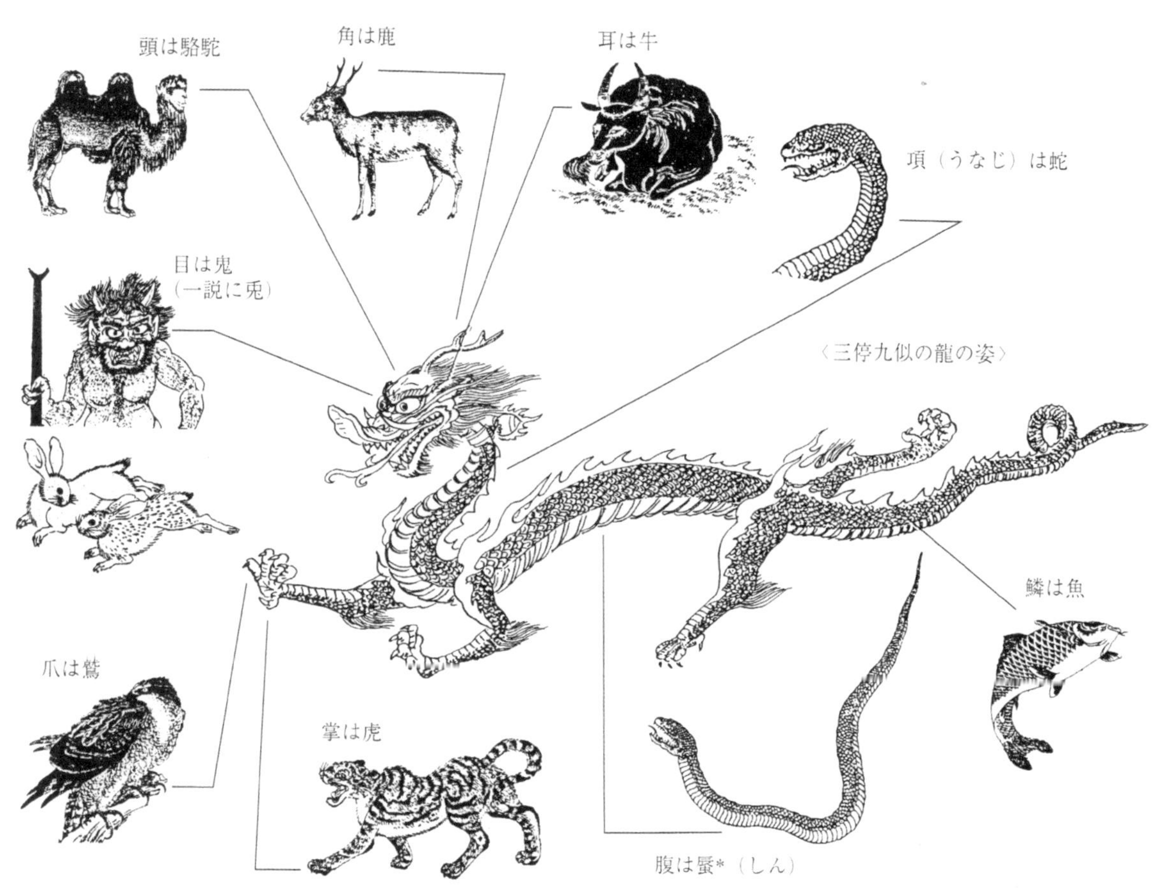

▲龍の歴史大事典・笹間良彦・遊子館

▲清朝　乾隆皇帝

中国皇帝への遠慮

中国では皇帝のシンボルに龍が使われていました。長崎の人が「龍踊」ではなくて、「蛇踊」という文字を使ったのは、これは「龍・ロン」ではなく「蛇・じゃ」なのですと、皇帝に対してへりくだった言い回しだったのではないでしょうか。唐人貿易で潤っていた時代に、長崎では貿易量を減少させたくない思いがあったことでしょう。これが私が想像できる精いっぱいの「蛇踊（じゃおどり）」表記の擁護論となります。

◆龍に関する豆百科◆

五爪の龍 ごそうのりゅう

中国の皇帝のシンボルとして色々な書物に記されています。皇帝以外には使うことが出来なかった多くの衣装の龍の模様に五本の爪が描かれたり刺繍されていました。北京の紫禁城に入る「天安門」をはいってすぐの壁（九龍壁）には、９匹の五爪の龍がレリーフで飾られています。（右下の写真）

昔は五本の爪の図案を使うことは厳しく禁止されていたために、何らかの理由で皇帝が部下に皇帝衣装を譲る際は、描かれている爪の一つを剝ぎ取り４本にして渡したと伝えられています。＊北海道の旭川に展示されている衣装は、５本の爪が４本の爪に削り取られています。その言い伝えが正しいのだと、見学して実感しました。また、長崎の絵画に描かれているのは三本の爪が多く描かれています。

中国の明代（1592年ごろ）に造られた『龍風堆朱盒子』の龍の爪は５本が１つづつ削りとられた跡が見える。宮廷から外に出るときに削られたものとみられている。

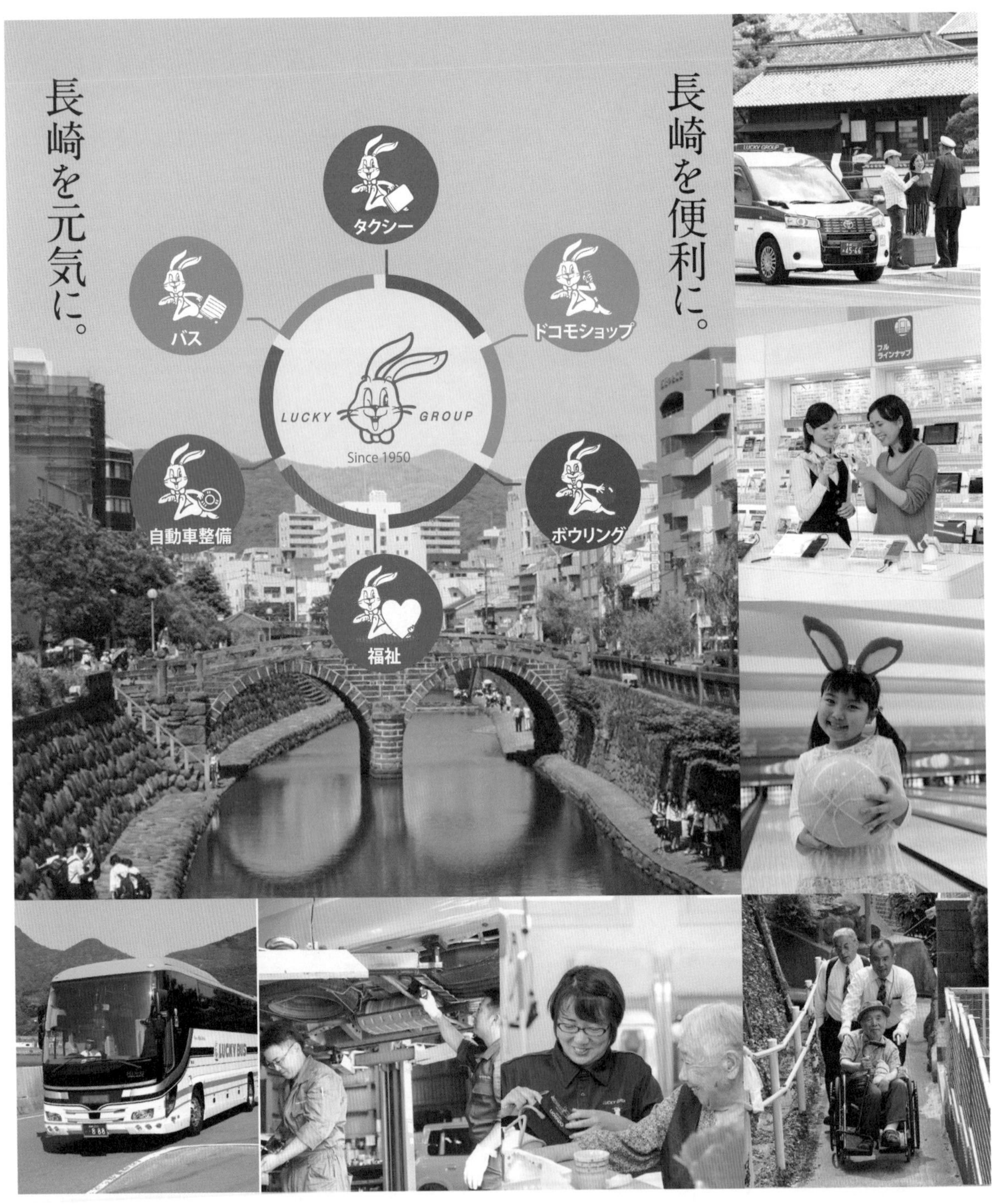

長崎ラッキーグループ

[本社]〒852-8134 長崎県長崎市大橋町25-6　TEL 095-846-2161(代表)

ラッキー自動車株式会社
〒852-8134 長崎県長崎市大橋町25-6

ラッキーバス株式会社
長崎県西彼杵郡長与町高田郷2983-1

福祉サービス推進事業部
〒852-8134 長崎県長崎市大橋町25-6

株式会社ラッキーモーターサービス
長崎県西彼杵郡長与町高田郷2983-1

株式会社ラッキーネットワークサービス
〒851-0115 長崎県長崎市かき道1丁目31-5

長崎ラッキーボウル
〒852-8134 長崎県長崎市大橋町25-6

第２章・芸術と一体化した龍

舞台で演出効果を高めたリュウ

舞台で演出効果を高めたリュウ

▲ロビーに展示された龍踊り

芸術などと一体化した龍踊り

この章は基本的な正統派の龍踊りではなく「型破り」の龍踊りのコーナーになります。2021年には、私が長年龍踊りに携わってきて、型破りの龍踊りの４パターンの現場を体験させていただきました。

型破りという言葉の意味をご存知でしょうか？　型破りとは基本をわきまえた上でそこから独自性を導き出したもの、伝統芸能や歌舞伎の世界で使われる言葉になります。根本の基本型を何も知らずにやるのは型なしとされ軽蔑されるので、私は型破りであっても型なしにはしたくないし、なりたくもないと思っています。

一見すると自由奔放のように見えますが、基本はしっかりと理解しています。龍踊りの表現について、こんなふうな方法もあるのかと楽しんで頂ければと思います。

さあ型破り龍踊りのスタートです。

岡部平太物語
(ギンギラ太陽's + 劇団ショーマンシップ　2021年6月3日～6日 西鉄ホール)

福岡の劇団のお芝居では、龍は舞台の感情表現の小道具として使われました。今回は、演出家の意図で玉は使わず2体の龍の動きで感情を表現することになり、これは型破りの演技になると心が踊りました。客席左から出た龍が、お客様の前を横切り右の階段から舞台に駆け上がり、少し遅れて右から出た龍が左の階段を駆け上がる。舞台上では２体が乱舞しながらうねったりとぐろを巻いたりと、所狭しと駆け巡り、その後最大の見せ場になりました。

舞台に立っている役者さんを、2体の龍が囲い込みました。役者さんに近づいたり離れたりする動きで、役者さんのセリフに加えて龍の動きで感情表現を倍増させました。セリフと動きの相乗効果でエネルギッシュに表現する演出に、体の龍が見事にそれを生かす事ができたのでした。演出家と演技指導の自分のアイデア交換に加えて、役者さんの熱演が加わり素晴らしい作品が出来上がりました。今回は龍の動きで感情表現をするという、型破りの演技になったのです。龍の魂がお芝居に感情という命を注いだ瞬間でした。

▲岡部平太物語での役者さんの感情表現を増幅する龍

©n_velca

▲アリーナの客席近くを直線的に踊る龍踊り

ヴェルカの応援
（10月9日～10日　アリーナカブトガニ）

プロバスケットボールクラブ長崎ヴェルカの2021－22シーズンホーム開幕戦の、オープニングアクトに参加させて頂きました。力強い龍踊りが照明の力も借りてさらにエネルギッシュにコートを駆け回りました。通常の龍踊りは丸い円の踊り方をするのですが、当日はコート全体を使った横長に直線的に踊っていく動きも加えて、全方向のお客様に楽しんでもらえる龍踊りを行いました。さらに龍の息づかいをお客様に感じてもらえるように、手が届くぐらいに感じる距離でバスケットコート全体を使った龍踊りを行いました。龍踊り隊は右側ベンチエリア横から登場して踊り始め、サイドラインに沿ってほぼ直線で踊り３ポイントライン付近でカーブして、左ゴールの下で胴くぐり。その後、セン

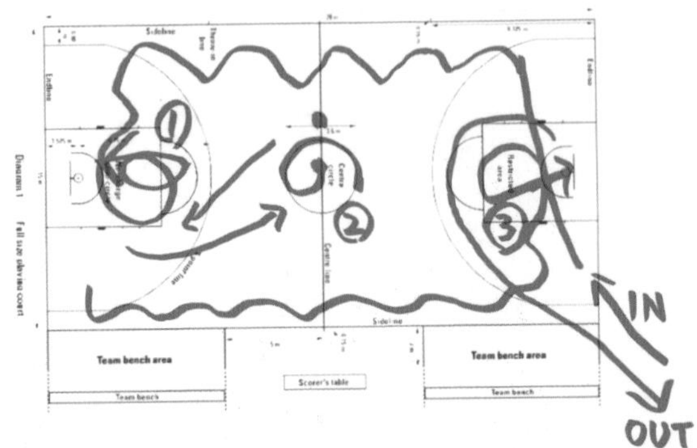

ターサークルでとぐろを巻いて玉探し、玉を見つけくぐり抜けた後に、ベンチエリアのサイドラインでも縦長に踊って右のゴールの下でくぐり抜けて退場しました。

龍踊りとヴェルカの選手と応援のお客様のエネルギーが、コート上から登り龍のように舞い上がっている、ヴェルカ応援の型破りの踊り方を考案しました。ヴェルカはＢ3リーグで優勝し、B2 に昇格しました。2023 年、ヴェルカのＢ1に昇格決定。（動きは図面参照）

長崎で活動するSHANK ライブフェスティバルのオープニング

(11月6日〜7日　出島メッセ BLAZEUP)

主催者の方から「狭いスペースになりますが、長崎らしい雰囲気の龍踊りを演じて欲しい」と依頼を受け、色々なバンドの全国から来られるファンの方々に、歓迎の気持ちを込めて龍踊りを行いました。事前の打ち合わせで、動き方を数パターン考えました。次にリハーサルの合間に現場を見て、実際に使えるかどうか試行錯誤しながら、アレンジを重ねて演出プランが浮かびました。そこでスタッフと一緒にダミーの龍を使いながら、演技内容が確定し準備が整いました。さあオープニングの龍踊りのスタートです。

ライブのステージ下には勢いよく踊れるスペースがあり、龍踊りが乱舞し本来の動きである7番8番の門構えをくぐり抜けて踊ります。思い切りステージ下のスペースで二度踊った後、元気いっぱいステージ上に駆け上がりました。ここでは奥行きに制限があり、楽器やアンプなどの音響機器などが設置されているためで、基本的な丸く構えて踊るのが難しいスペースでした。奥行きがないところで龍踊りの玉探しを見てもらうため、龍踊りを大きく見せるための動きを工夫し、玉探しの時には5番6番の門構えに変えてとぐろを巻き龍頭が玉を探し、同時に尻尾が横に広がり高く上がる演出にしました。与えられた空間の中で通常と違う動きでしたが、玉探しの雰囲気はお客様に伝える事は出来たと思います。自分達の龍踊りは、どんな状況でも対応できることを目指しています。これらはブレイズアップオープニングの型破りの龍踊りになりました。

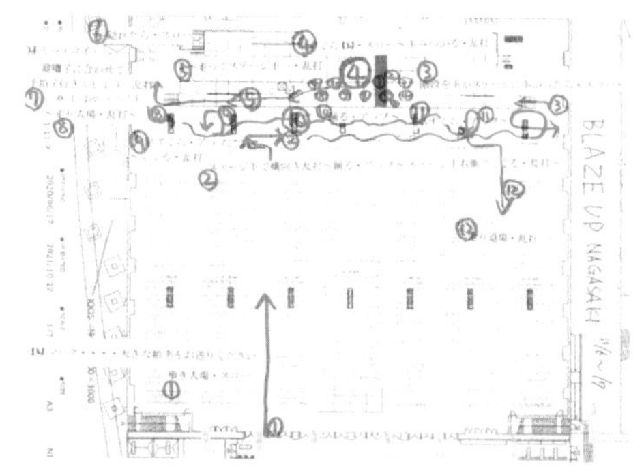

長崎で音楽の炎が燃え上がるように・・・モッテコーイ！モッテコイ！　再度22年もモッテコーイ！モッテコイ！（動きは図面参照）

▲ステージ上で玉探しを横広がりで行う龍衆

幻の演出・プペルミュージカル

西野亮廣作・えんとつ町のプペルはご存知ですか。「映画・えんとつ町のプペル」のオープニングでゴミが集まって竜巻のように天にのぼっていくシーンがあります。このシーンをミュージカルのオープニングで実演できないかと依頼がありました。コロナ禍の緊急事態宣言の中での依頼でしたが、東京まで西野亮廣さんとの打ち合わせに行きました。細かい話をして長崎に戻り、ミュージカルに龍踊りを取り入れた型破りの演出プランをマネージャーさんに提案して一安心しました。

絵本では「ドクドクあばれる心臓に、ゴミがあれこれくっついて、ついにうまれたゴミ人間」と書かれています。さて私が考えた幻の演出プランは、ゴミが集まってゴミ人間プペルが誕生したように、「龍体に多くのゴミが集まって１つの生命体になって、うねりはじめ胴くぐりをして天に登っていく」というものでした。これは

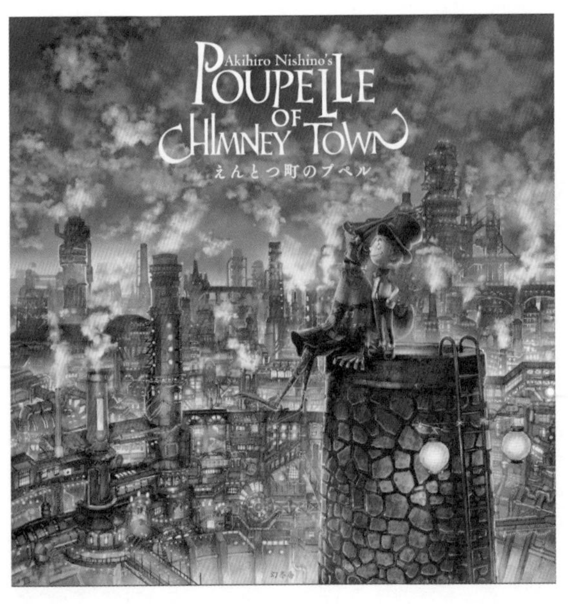

▲えんとつ町のプペル　：にしのあきひろ

▲オンラインでの西野コンサル

我々が龍踊りを修学旅行生等に指導する時に伝えている、「要らない人はひとりもいない、11人が協力しあって龍踊りになるので、1人もかけてはいけないのです」と言う考え方と同じで、ゴミもいらないものはなくエネルギーがあり、色々なゴミが集まってひとつの生命体ができあがる、という発想を提案しました。

しかし後日ミュージカルのオープニングは別のやり方に変わったと聞き、とても残念に思いました。ミュージカル龍踊りはNGになり、型破りの演出を加えてもらえなかったのが今でも残念ですが、西野さんのコンサルティングを受けて、龍踊り体験について新しいアイデアを頂きました。自分達だけの視点や考えだけでなく、新しい考えの風を入れることで良いものができるという事を学ばせて頂きました。西野さんには感謝しています。

2023年　堂島孝平 生誕祭

2月23日、東京　恵比寿・リキッドルームで行われた「堂島孝平生誕祭」のオープニングに、龍がチャイニーズテイストの曲に合わせて登場。オープニングから龍のパワーもあり LIVE は大盛り上がりでした、演出の小道具としての「龍」の価値は大いにありそうです。

▲Photo by 木村泰之

金色の巨大龍の誕生

前のページでお伝えした2021年におこなった型破り龍踊りから、今年2023年は龍の超絶型破りのパフォーマンスで私たちは新しいチャレンジをしました。

流れをたどっていくと、インスタグラムを通して「Happyちゃん」という方からの依頼が始まりでした。最初は数十人の新年パーティーへの龍レンタルでスタートでした。この時に龍をすごく気に入っていただき、すぐに依頼された2回目は、小劇場ファンファーレでの限定十数人向けのステージに龍踊りをセットしてのパフォーマンスでした。そして彼女は「私は龍によって動かされているような気がする…」と龍の持つパワーを感じていらっしゃるような嬉しい言葉を言われました。3回目はホテル宴会場での数百人規模の集まりに、長崎から龍踊り隊を引き連れての参加です。この時はステージが会場中央に作られお客さんに取り囲まれていたので、それぞれの方向のお客さんに喜んでもらおうと、ステージで龍衆が90度ずつ動く四方向への型破りの玉探しを行いました。

この終了後に6月にある MOMED LIVE・1万人規模のイベントの話をいただきました。そこで考えたのが全長50ｍ金色巨大龍のアイデアです。大きな会場では「今まで使っている龍踊りではミミズくらいの大きさにしか見えな

▼レインボードラゴンズ

▲ピアアリーナの50m金龍

い」と思ったからで、雑談の中からの提案でした。さらに彼女と話していくと、運が良くなるように七色のレインボー龍も欲しいとの話になりました。型破りの未知へのチャレンジです。赤・橙・黄（金）・緑・水色・藍色・紫のレインボー龍、黄（金）は直径1m全長50m、他の色は直径35〜40cm全長16〜18mで、ウロコはすべてプリント布です。

一万人に見つめられる会場で乱舞する巨大金龍とレインボー龍たち。龍がたくさんの人に夢を与えるお手伝いができたことを、幸せに感じたのでした。龍が持つエネルギーが多くの人にバトンを渡していくように、大きな輪になって繋いでいるような気持でした。

▲ファンファーレでのパフォーマンス

◆Happyちゃんこと竹腰紗智さんの経歴

1983年9月4日生まれ。株式会社Happy Holdings

2014年から自身のブログを開設し、夢だった本の出版を実現。それは『3日後、引き寄せ日記』など6冊の本。個人では例をみない数千人規模のイベントを企画し、自分を生きることの素晴らしさを伝える活動中。

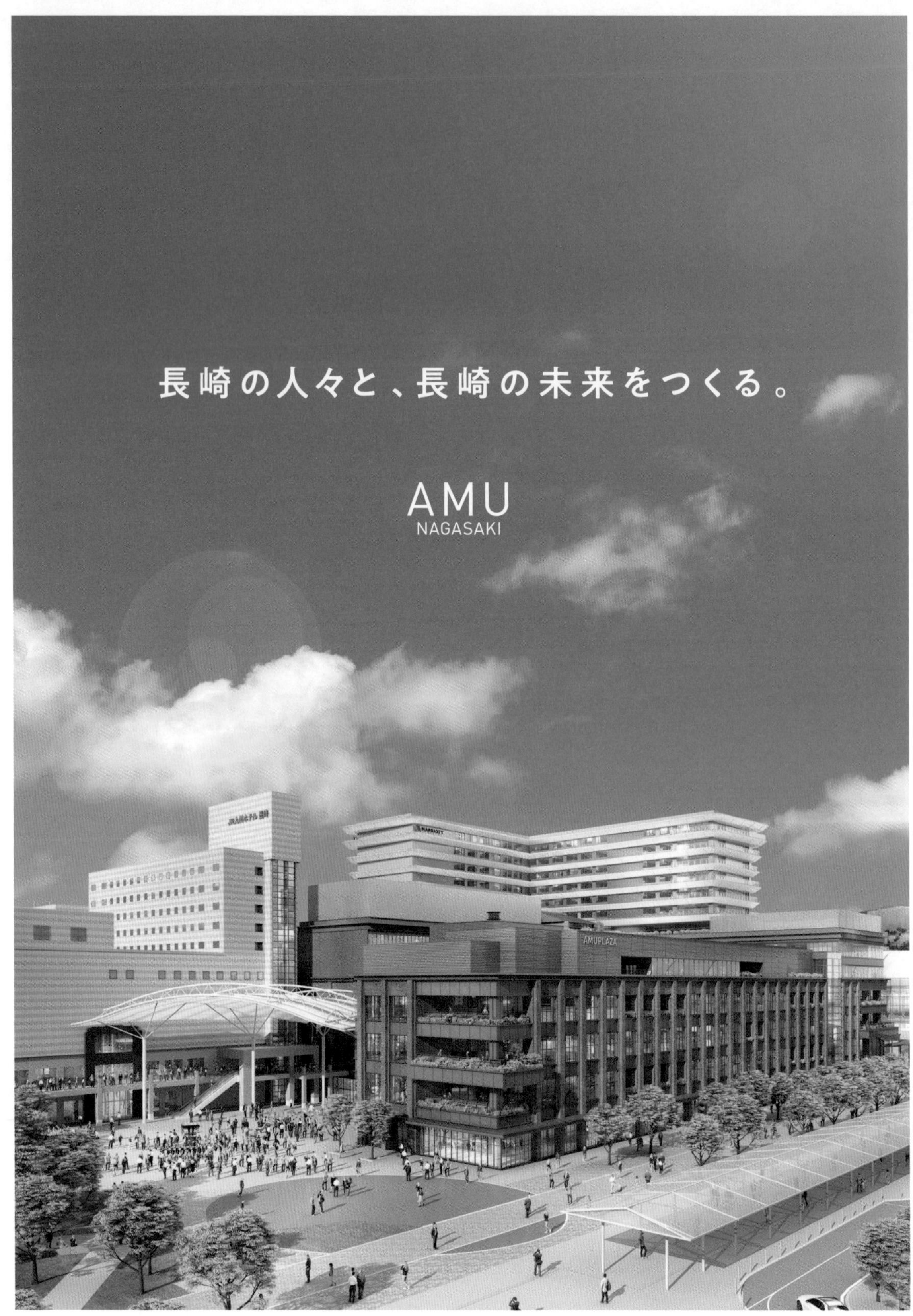

株式会社ＪＲ長崎シティ

第３章・感動龍踊り体験学習の記録

龍踊り体験で変わったセカイ

龍踊り体験で変わったセカイ

長崎らしい「体験学習」から不登校児が復帰

まず私が龍踊り体験学習を修学旅行生に教えるようになったかを述べたいと思います。最初のきっかけは、1998年、あるホテルの方からの話です。「これから修学旅行も体験の時代が来るよ。あなたはレンタルで道具を使って龍踊りを教えるのが上手だからやってみない？」と。このひとことが私の現在の道を作ってくれたのです。

長崎らしい珍しい体験学習だったので、新聞に取り上げられました。それに興味をもった学校や営業担当者から龍踊り体験学習を取り入れたいとの連絡が来ました。そのようなありがたいことが続き、50歳のとき本業でやっていた仕事を辞めて、龍踊り体験学習が生業になりました。最初のころはひとりで全員を教えていたのですが、良いスタッフに恵まれスタッフに任せるように変化していきました。

自分ひとりで全力疾走し200％の指導だったのが、スタッフひとり70％の力なら、4人で280％の指導が出来るようになったことで、「以前よりパワーアップしたよ」と、先生たちからの言葉をいただき、やる気がでました。それからはスタッフひとりひとりが120％の力をつけるように工夫・努力しています。龍踊り体験は先生達と密に連絡を取るように心がけて、指導がスムーズにいくように形を作り上げていきました。

2000年から2002年の間に合計で7人の不登校の生徒が学校に復帰していると連絡を受けました。この時の経験を振り返って、生徒の笑顔や喜びによって自分の心も満たされていることに気づき、生徒のためだけでなく、自分のためにもやらなければならない生業だと思いました。なぜ不登校の生徒が復帰できたかこれからの文章の中に答えがあります。

▲龍踊り体験学習発表会の全景

▲旧かもめ広場・アミュゴンと共演する修学旅行龍踊体験隊

「体験学習」の仕組み

龍踊りを、体験学習の素材として活用提供しています。依頼を受けて、短時間で龍踊りの基本を教えて、反復練習を行い、その成果を公共の場所で発表することを一貫して受託しています。軽量化した龍体や練習道具、衣装と楽器（本場中国製）なども貸し出しています。

練習の成果の発表会までは細かい打ち合わせなどが必要となります。それをすることで龍踊り体験学習がスムーズに行われるのです。龍踊りをからだ全体で体験・体感してもらったその結果、「体験内容のクオリティが高い」、「日程を調整しても体験する価値を感じる」、「軽薄短小な時代にこそ必要な体験だ」、「キツイ、大変、疲れるけど楽しく笑顔が溢れる」などの評価をいただいています。

短時間の練習から、発表会までは体力と集中力の戦いになります。それと同時に、多くのお客様の前で発表会をすることで、度胸や対応能力も身につくのです。さらに自分たちが頑張った評価として、観客からたくさんの拍手やお褒めの言葉や感想をもらいます。このときの嬉しい気持ちは、この日・この時間・この瞬間でしか味わうことができないのです。

先生方からは、「ハードルは高いがストーリー性があり、体験の価値がある」と高評価をいただいています。

QRコードを読み取って
龍踊り体験学習の様子を
ご覧ください。

▲すべてのベストはシルクで本場中国製、合計 200 着

ケース１:「玉使い」役で自信をつけた結果！

例えばこういう出来事がありました。常連の中学校の先生から「玉使い」をやりたがっている生徒がいると連絡を受けました。しかし先生の判断からすると、その生徒は玉使いをするには少し力不足ではないかとの考えでした。でもこちらは生徒のやる気は大切にしたい、やらせてあげたいとの思いで、慣れたスタッフをつけて対応しました。スタッフのサポートもあって、先生の予想以上の出来栄えでした。その結果、その生徒のやる気スイッチが入って凄いものになりました。

その生徒は、自分が「玉使い」をできたことで自信をつけ、その後、文化祭の実行委員にもなり活動的になり、知力も向上し、高校入試では最初の希望の２ランク上の学校に合格したそうです。この例では、「生徒のやる気を指導者が導く、そして成長を見守りながら、周りが手を差し伸べる」結果となり、我々も生徒さんから学ばせてもらっているのです。

ケース２:長崎での体験学習を文化祭で再現

次は、文化祭で例年自分たちの龍踊りをしている特別支援学校の話です。私たちは、「長崎での龍踊り体験学習したあと、地元の文化祭でも龍踊りをする」ということを聞き、予備の衣装と楽器の貸し出しをしました。その文化祭での演技を、多くの親が見学に来られたそうです。そこで本場の衣装と楽器を使って演じたところ、以前から使用している龍に、衣装と楽器が加わったことで格段に華やかな龍踊りになったそうです。自信がみなぎる生徒の様子に、先生たちはいつもより高い目標をもった子供のエネルギーアップを感じ、さらに親は親にしかわからない我が子の自信にみちた成長を、さまざまな角度から感じたそうです。

この年の文化祭は、例年にない衣装と楽器が加わったことで数倍・数十倍、大げさに言うと数百倍の龍踊りになったという報告を受けました。この例で長崎の龍踊り体験では、当たり前に衣装をつけ楽器を奏でていることが、本場中国製の衣装や楽器それぞれに、エネルギーや価値があることを教えてもらいました。

「龍踊り」は修学旅行体験学習の最高のツール

私たちが龍踊りを通して伝えたいことは、「龍踊隊はひとりではできないチームワーク、楽隊もひとりではできないアンサンブル」ということなのです。ひとりひとりが、自分の役割があることを理解し、お互い協力しあって龍踊の演技の発表をおこなうことを目標設定としています。龍踊り体験は修学旅行体験学習の最高のツールです。

体験学習が終わった後にいただく、多くの感想文やお礼のお手紙は、我々の励みとなっており、たくさんの感動と喜びを生徒たちに与えてもらっているのです。寄せられた感想文をご紹介します。

俳句(川柳)傑作集

「もってこーい」　長崎駅に　龍が舞う

龍踊りは、龍と楽器の　パラダイス(楽しい世界)

龍の頭、やったろうやん　うちの意地

「本物かい」そう思わせる　龍の動き

龍踊りは、楽器も龍も　リズミカル

龍踊りで、手にできた豆は　宝物

龍踊りや、二時間だけの　武者修行

▲画：葛飾北斎

「龍踊り体験」に感動した生徒の感想

Aさん　龍踊りは、龍が玉を追い求めて乱舞することを表している踊りです。龍踊りをするには、11人の人数が必要です。ひとりでも足りないと、ひとつの演技が成り立ちません。棒を持つ手の位置を切り変えたり、声をかけたり、皆で力を合わせて働くことは難しかったです。でも楽しかったです。龍踊りの事前練習は学校で一度しかやったことがなかったので、不安でしたが、優しくわかりやすく教えていただきました。長崎のテレビ局もきていて、とても緊張しましたが何かと無事終えることができてよかったです.取材を受けている子もいてすごかったです。とっても貴重な経験になりました。

Bさん　修学旅行で長崎に行き、龍踊りを体験させていただきました。（中略）練習も楽しかったけど本番はその倍楽しかった。緊張もしたけれど、その時は楽しさの方が勝っていたと思います。本番が終わってから「龍踊りでよかった」と思えて良かったです。後でよく考えてみたけれど、他の経験にしなくてよかったと思います。なぜなら他の体験学習は大人になってからもできるようなもので、それに比べてこの龍踊りは大人になっても絶対に体験できないような貴重なことなのでそう思いました。修学旅行での長崎龍踊り体験学習が終わって、こんな体験はもう二度とないやと思っていたが、裏をかかれて文化活動でやることになった。（文化祭での再演・筆者 注）（中略）龍踊りを通して頑張ることがどれだけ大事か、がんばったらがんばっただけ、良い結果となって返ってくるということが分かったと思います。龍踊りを体験できたこと、そしてチェン・ラオシに会えたことを感謝します。

　また会える日まで　再見

C さん　○月○日は人生最悪の日でした。暑い中、ずっと立ちっぱなしでうるさい音を聞きながら、練習をしたことは一生忘れることのできないでしょう。そして、本番になったとき、恥ずかしかったけど、だんだん楽しくなってきました。「人生最悪な日」から「人生最高の日」へ変わりました。ありがとうございました。

Dさん　私はこの活動を通して仲間の大切さを実感できました。私は楽器をやらせていただきました。そのときに「楽器はみんなと心をひとつにしないと、音がまとまらない」と教えていただきました。確かに音や大きさが異なる楽器の音がひとつになるのは、すごいことだと思いました。お互いがお互いのことを思いやらないと、ひとつにならないと思いました。発表のときには龍の人と楽器の人、学校全体の心をひとつにして成功できました。これも、指導してくださった皆様のおかげです。ありがとうございました。（中略）今回は、貴重な体験をさせていただきました、おかげで仲間の大切さをもう一度考えさせてもらえました。本当にありがとうございました。

Eさん　先日は貴重な体験をさせていただきありがとうございました。龍踊り体験を通してチームワークの大切さとひとりひとりみんな大切だということを学べました。誰か一人が倒れたらみんな動けなくなる。それは世界も一緒だと知り感動しました。そしてこれまで以上に周

▲新地橋広場の発表会、中華門と龍の絵になるコラボ

りの人たちを大切にしたいと思いました。龍踊り体験はとても楽しかったです。ありがとうございました。

Fさん　3時間の学習の中で特に印象に残ったことは龍踊りメンバーである11名がそれぞれの場所でひとりも欠けることなく活躍できる、ということです。披露する中で今までと違う練習をしていた私たちが、龍踊りを通してひとつになることのすばらしさに感動しました。龍は想像以上に重たくて、持っている時は腕が痛くなりました。でもこんなに体があったまる学習は他にはないと思います。体の冷たさも一気にふきとび3時間あった時間もあっという間に過ぎたように感じました。これからは、練習の成果を 50万人の方々に見ていただけたことを誇りに思って生活していきたいです。

▲画：曾我蕭白

短歌・秀歌

長崎の　伝統文化　龍踊りは　見る人魅了　迫力満点

ドキドキと　胸をはずませ　龍をかつぎ　見る人笑顔　絆深まる

龍来たる　歓喜の声を　音にのせ　まるでまことの　龍ではないか

十人で　一つの魂　吹き込んで　龍に宿りし　私たちの色

和洋国府台女子高等学校（千葉県市川市）

先生たちからの感想、感謝文集

W先生　龍踊り体験では、仲間と一緒に活動することの一体感と達成感を味わうことができ、生徒は学びとともに研修旅行のよき思い出のひとつになりました。

X先生　龍踊りなどの体験学習も同様に、まわりの者の心を打ちました。先生の「こんな真剣なまなざしは見たことがないよ」の声かけに、「教室ではこんなことはなかったですよね」の答えが子供たちから返ってきました。何の経験もないまっさらのスタートから確実に上手くなる姿、砂に水がしみいるが如くどんどん教えを吸収していく姿に若い力の真剣な学びの素晴らしさを感じました。「学ぶ」ということ。今さらながらですが、「学校での学び」だけでなく、「地域で」「体験を通して」「様々な人との出会いを通して」あらゆる場面での学びが人を成長させ、感動させるものだと思いました。

Y先生　皆、一生懸命そして楽しく表現しており感激しました。保護者をはじめお客様方から大喝采をもらいました。河野さんとの出会いをきっかけに〇〇学校に何かすごいものが流れ、受け継がれていっています。今、高一の皆が2年後は長崎で龍踊りだと言っています。ありがとうございます。

Z先生　長崎に龍踊りという郷土芸能があり、それを修学旅行生に教えようという河野さんがいてくださって本当に感謝です。3年前の長崎で平和学習と班別研修は欠かせない、あと半日をどう使う？　学年180人皆で体験できる何かはないか、旅行業者に探してもらい出会った龍踊り体験。スタッフさんの情熱に感化され、生徒デザインで揃いのTシャツを作り挑みました。翌日の班別研修の帰着報告「先生、老師たちに会いました！」という生徒の笑顔に、普通の体験学習で得られる以上のものを得たのだと感じました。

コロナ禍を経て3年ぶりの修学旅行。行程短縮をせまられ1時間程でしたが、本物が目の前で舞ってくれるからこその大迫力の動きでもたらされる風、大音量で鳴らされる楽器の音圧などを五感で感じ、直接教えていただく地元の方との交流、一生の宝となる体験をさせていただきました。この生徒たちも卒業して遊びに来るたびに龍踊りの話を嬉しそうにするのだと思います。

▼龍踊りライブの様子

福岡県那珂川市
片縄小学校・石松校長先生へのQ&A

Q：龍踊りをご存じになられたきっかけは？

A：龍踊り体験を知るきっかけとなったことは、旅行会社からのご紹介でご縁をいただきました。目的は、地元の人たちに指導してもらいながら、長崎の文化に触れ、子どもたちの絆を深めるため思い出作りがしたかったのがきっかけです。龍踊りを通して、子どもたちに礼儀や作法を教えてほしかったこともあり、人との関わりを、龍踊りを通して学んでほしいと龍踊り体験を取り入れた修学旅行をと考えました。これまでに、修学旅行がきっかけで50周年のイベントにもきていただくことができました。長崎県庁のロビーでも体験させていただく機会があり、子どもたちも感謝の気持ちを持つことを学ぶことができたと思います。

Q：子どもたちの変化などありましたか？

A：子どもたちの活躍ぶりを見ることができて、保護者の方たちも喜ばれていました。長崎に住まれているおじいちゃんやおばあちゃんからも孫を見ることができたと喜びの声をいただきました。また後日Webでの配信もしていただけたこともあり、目で見て体験の面白さを保護者へも伝えやすかったです。普段経験ができないことを味わえる喜びを感じられたと思います。楽隊と龍踊りの融合も体験させていただくことによって、ひとつのアンサンブルが完成する喜びを味あわせることができたと思います。先生以外の方々から指導をいただくことで、子供たち同士が励ましあったり、絆を深めたりすることができたように感じています。

（肩書きは当時）

▲石松校長先生との対話

兵庫県加古川市K中学校　校長談
他の体験とは違う感動

感動しました！ いろいろな修学旅行があるが、龍踊りを選んで良かった。半日、体験学習をして、半日フィードワークをして、メリハリのある修学旅行になった。

私たちは何も知らないで体験に来ました。まったくのゼロの状態から練習を経て最後は観客の前で演技を披露することができました。龍踊りを沖縄のエイサーのようなものだと勝手に想像していたのですが、まったく違いました。半日という短い時間で、道具の説明から人前での発表までできるのは素晴らしい。

道具を使い、ひとつひとつ丁寧に教えていただき、おぼつかない生徒たちがどんどん演技を覚え、龍をうまく動かせるようになって、人前で発表ができるまでになる。生徒たちは、達成感や自信をもつことができたと思います。楽器についても、初めて見る楽器を上手く演奏できるようになり、素晴らしかったです。後日、録画したもの見ることができて、貴重な経験の記録もいただくことも嬉しく思う。

他の学校がこの体験を知らないのはすごく残念に思う。昼食会場に同期の校長がいたので、自慢してしまいました。地元に帰って他の学校へも紹介したいと思う。

修学旅行における「龍踊体験」の学習効果について

2007年2月

発 表 者　　藤村　美由紀
（長崎大学教育学部）

1.はじめに

学校教育の見直しが進む今日、修学旅行を積極的に学習の機会とする動きが高まっている。故に近年の修学旅行は、行き先や体験の幅が広がり、その形態が多様化してきた。集団活動能力や自習性、実践的な態度の育成や、個性の伸長など、平素とは異なる生活環境で子どもたちが学ぶことは多いと期待される。だが、単に旅行にでかけるだけでは、これらのような学習価値は構築され難い。そこで大事になってくるのが、学びの価値を与えていく意図的な学習計画である。つまり、その体験・学習をすることで、どのような学習効果が望めるのかを把握しておく必要がある。

さらに、現在、まちおこし・地域おこしを通してまちの活性化に取り組もうという気運が高まっている。その取り組みは修学旅行にも目を向けられ、地域特有の文化や産業を体験・見学したり、地域の人々との交流の機会を与える修学旅行の在り方が注目されている。

そこで本研究では、長崎の伝統的な文化の1つである龍踊を修学旅行生が体験するという活動に注目し、その体験によって子どもたちにどのような学習効果が与えられたのかを調査・研究するものとする。

2.体験型観光と長崎市の取り組みについて

情報化社会は人々に様々な情報を容易に与えることができる。しかしながら、それに伴い、リアリティの喪失が懸念されるようになった。実際に体験してこそ得られる思いや学習効果をもっと大切にしなければならない。また、総合的な学習の時間の設置によって、体験学習は更に推進されている。総合的な学習との関連を兼ねた体験学習を修学旅行で実施する学校も多いようだ。このような背景が、体験型観光の修学旅行を後押ししていると言える。

そして、この体験型観光が地域にもたらす影響への期待も大きい。他ではまねのできない地域独自の体験をプログラムすることで、観光客の増加をねらっている。長崎市においても、修学旅行の誘致対策として「長崎広域体験学習協議会」を設置し、長崎の歴史や伝統を活かした平和、食、伝統・文化などの様々なジャンルの計74件の体験活動を行っている

3.龍踊体験

龍踊は長崎の伝統的な文化の1つである。龍踊体験では、龍踊の演舞を修学旅行生が約3時間で体験する。

4.調査方法

龍踊体験を実施した中学校5校を調査の中心対象とし、体験した生徒、龍踊体験の引率の先生にそれぞれアンケートを実施した。

5.結果と考察

◆調査結果(体験者)

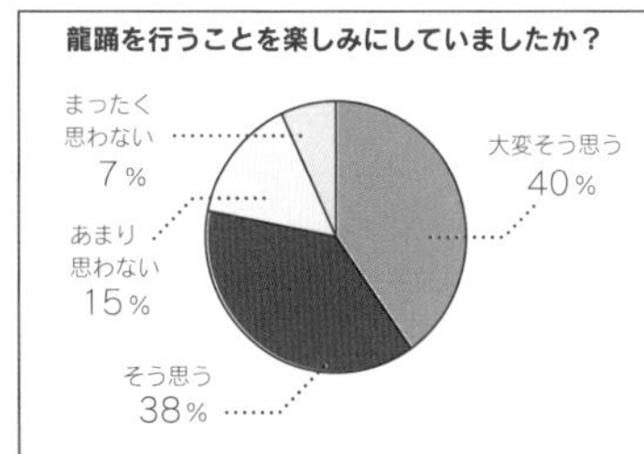

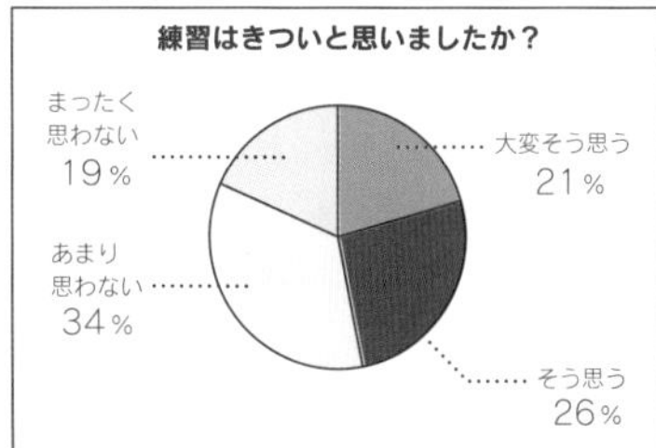

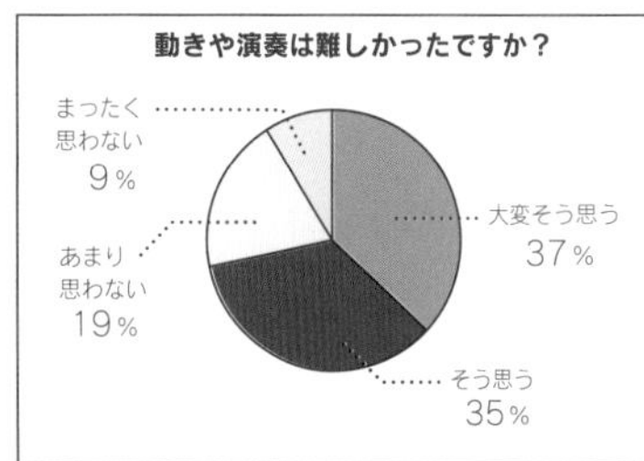

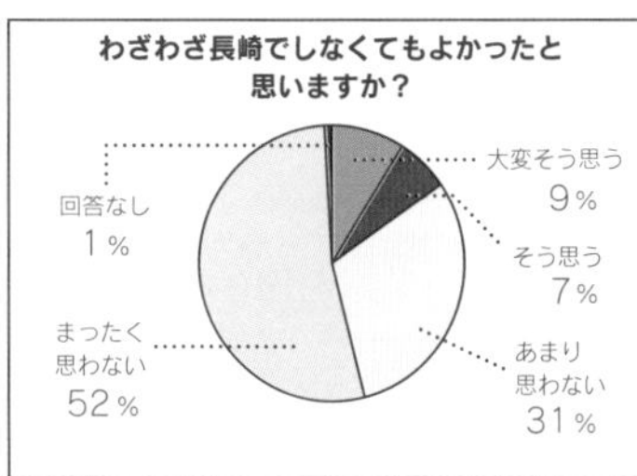

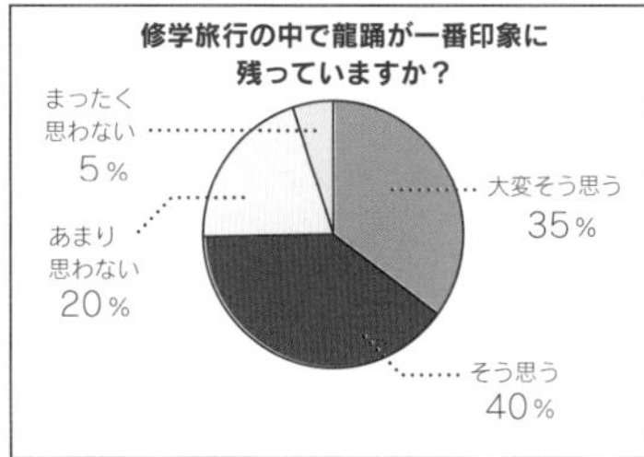

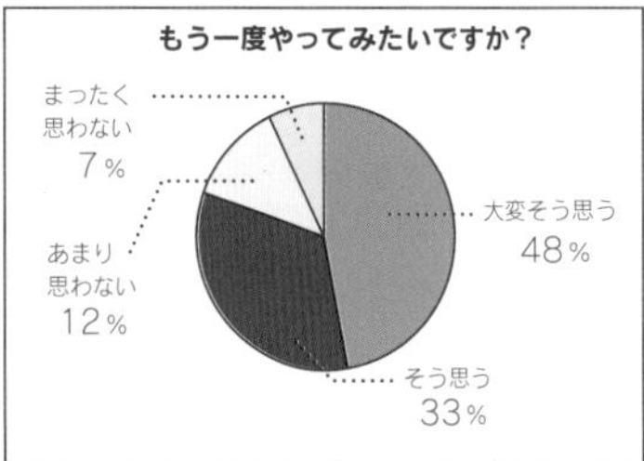

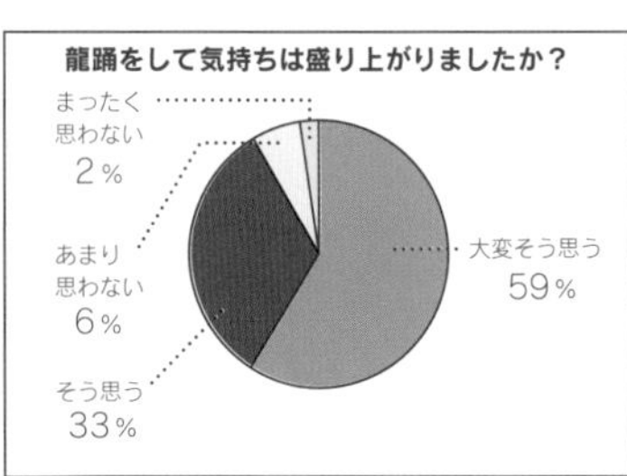

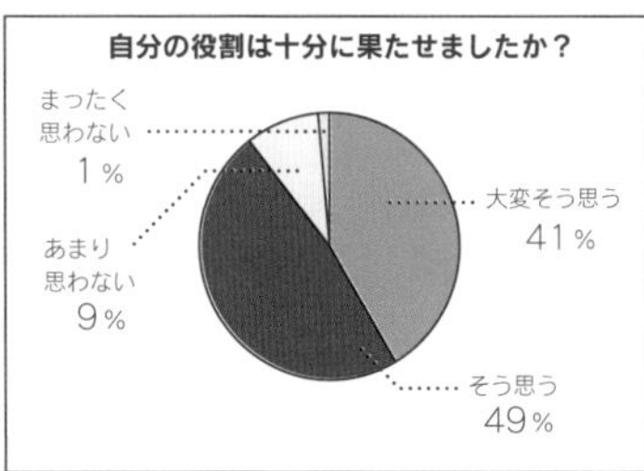

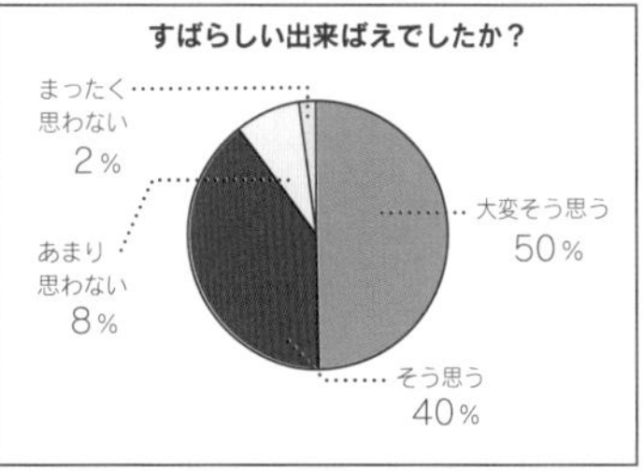

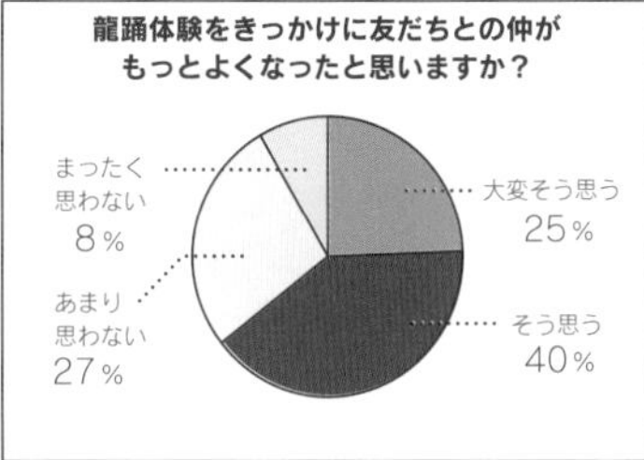

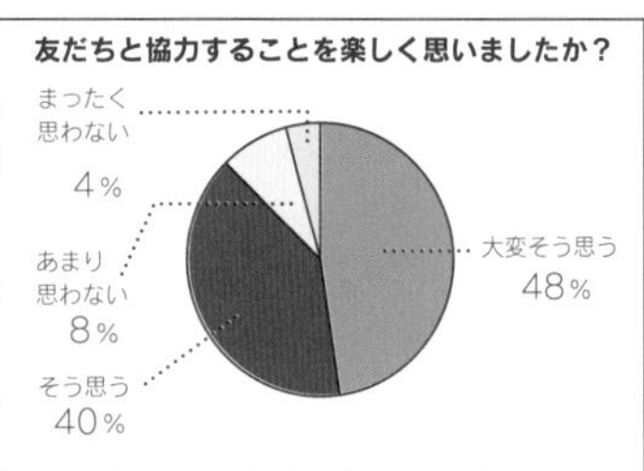

◆調査結果(学校引率者)

項目	A中学校	F中学校	H中学校	K中学校	Y中学校
龍踊体験を知った方法	ニュース	旅行業者	FAX	継続	旅行業者
龍踊体験を取り上げた理由	・教育的価値がある ・長崎らしい企画である	・教育的価値がある ・長崎らしい企画である	・教育的価値がある ・見学とは違う体験である	・指導体制が整っている ・長崎らしい企画である	・指導体制が整っている ・長崎らしい企画である
龍踊体験の企画意図もしくは求められた効果や成果	達成感を味あわせられる。また、教師も共に参加し、同じ目線で学べる。	様々な体験をさせたかった。	伝統芸能における異文化交流ができる。学年全体での達成感。思い出づくり。		長崎の人とのふれあいがもてる。長崎の文化を知ることができる
生徒の変容	・変化があった。他の体験の生徒から羨ましがられ誇らしげだった。充実感が生活態度からみられる。	・明確ではない。	・変化があった。協力と個性の大切さがわかり、合唱コンクールに向け、各クラスまとまりだした。学習発表会での再演を希望している。	・変化があった。休みがちの生徒の登校日数が増えてきた。	・変化があった。学年のまとまりが増した。クラスの枠を越えたふれあいがうまれた。

<意欲、興味・関心>

多くの体験者に事前の意欲、興味・関心がみられた。しかしながら、学校側の取り組みの違いによって、その差がでていることがわかった。

< 役割認知と責任 > ほとんどの体験者が自分の役割を認知し、それに伴った行動ができたようである。役割認知と責任を感じることで協調性がうまれ、集団の中のいち個人として自身をみつめることができたのではないかと推察する。

<満足感・達成感>

事前の期待が大きかったこと、更に活動が厳しく困難であったことにも関わらず、満足感・達成感を感じた体験者は多い。龍踊体験は期待度、厳しさ、困難さ、満足感・達成感がうまく関連した体験であると考える。

< 仲間づくりの効果 > 約半数が仲間づくりの効果を感じているが、龍踊体験を直接のきっかけとして友だちとの仲が発展するという効果は、誰もが得られるものではないようである。

< 協調性 > 多くの体験者が協力することを楽しく思ったようだ。学校側のアンケートからもみられるように、合唱コンクールに向けてのクラスのまとまりが強まるなど、その後の生活態度にも影響を与えたようである。

体験者の結果、引率者による生徒の変容の認知から、ねらいとした学習効果が得られたものと推察する。

6. まとめ

体験者へのアンケートから「意欲」「責任感」「達成感」「協調性」においての学習効果が大きくみられ、それらはまた学校側のそれぞれのねらいを達成するものでもあった。体験としての「特異性」「継続性」「厳しさ」「困難さ」「継続性」「長崎らしさ」も適度であると考えられ、龍踊体験は様々な学習効果が期待できる修学旅行にふさわしい体験学習プログラムであると考える。

講評

龍踊り体験の学習としての位置づけと効果

指導教員　　小原　達朗
（長崎大学教育学部）

龍踊り体験学習は、見聞きして知る学習ではなく日本の文化のひとつである長崎の文化をからだでまるごと体験する「感性の学習」である。また、グループで短時間でひとつのことを成し遂げる「異空間での集中力の学習」である。そして祭り文化をつくり上げている達人たちの素晴らしさを知る「尊敬の学習」でもある。龍踊りに取り組んだ児童生徒たちの感想を分析すると、一様に全員で達成した喜び、異文化を肌で理解できた感動にあふれている。その意味で単に「想い出づくり」ではなくひとり一人の心に本物のリアリティを芽生えさせる「心とからだの学習」であると言える。

第４章・基本演技

楽隊と龍衆（じゃしゅう）のかがく

楽隊と龍衆(じゃしゅう)のかがく

龍衆と龍囃子で一組編成

基本的に一組の龍踊りは、玉使い１人、龍衆10人（計11人）と、楽隊で構成されていています。団体によって龍衆は３～４組（33人～44人）、楽隊は20～30人で構成されることが多いようです。龍踊りの踊り方やお囃子は、団体で違いがあり異なっています。

とくに「長崎くんち」に関わっている団体には、それぞれに地域の違いやしきたりもいろいろあります。例えば日本舞踊の中にも花柳流、藤間流などの多くの流派があるのと同じなのです。龍踊りを文化的な価値として捉えると、単純に１種類ではなく何種類ものやり方があることが、龍踊りが文化として捉える価値がある素晴らしさに繋がっていくのではないでしょうか？

これからも龍踊りについては学び知識として深く研究していきたいと思っています。

龍踊りの動きを演出する演奏を担当する楽隊を「龍囃子(じゃばやし)」といいます。楽隊には龍の動きを支える大切な役割があります。楽器は６種類あり音を奏でることで、龍の動きにメリハリがつき、演技に華を添えることができるのです。

ここからは長崎大学龍踊り部をベースに述べます。

▼長喇叭

▲大太鼓の立体刺繍は龍招宝・ロンチャウバウ

▲蓮葉鉦（ばっつお）

6種類の楽器で龍の鳴き声、雷の音まで

＊長喇叭（ながらっぱ）……………………龍の鳴き声
＊大太鼓（おおだいこ）……………………雷の音
＊皷鼓（かっこ） 半鼓（はんこ）（通称：パラ）……雨の音
＊大銅鑼（おおどら）……………………風の音
＊大中小の蓮葉鉦（ばっつお）‥風の音を強調する役目
＊小鐘（こしょう）、小鉦（こしょう）（通称：キャン）‥‥中国情緒を表す音、などで構成されています。

上記の楽器を使って動きに合わせて演奏します。

①道行き（スロー）‥‥‥‥歩き→探し
②打ち込み（アップ）‥‥‥うねり
③乱打（ランダ）‥‥‥‥‥走り→くぐり

楽隊は、荒れ狂う雨空を表現して、乱舞する龍を引き立て、龍囃子が安定したリズムと調和のとれた演奏で、龍踊隊を支えており、楽隊なしでは、龍踊りは成り立たないのです。

楽隊は龍踊りと肩を並べる、もう一つの主役なのです。

龍囃子の掛け声は、「チャーパ」とかけます。この言語は中国語の招宝が変化したもので、龍で宝を招こうとの願いが込められています。

蓮葉鉦は風の音を強調する役目だけではなくジャーンジャンと響かせたり止めたりする演奏がチャーパと聞こえ、中国語のチャウバウ・招宝を表現しています。龍囃子の掛声チャーパはここからきているのです、

「ドンドコスットン　チャーパ　ドコドコスットン　チャーパ」

▲龍囃子をピアノの先生方でもあるスタッフが譜面化しました。諏訪町のリズムを参考にアレンジしたものです。

QR コードを読み取って
龍囃子をお聞きください

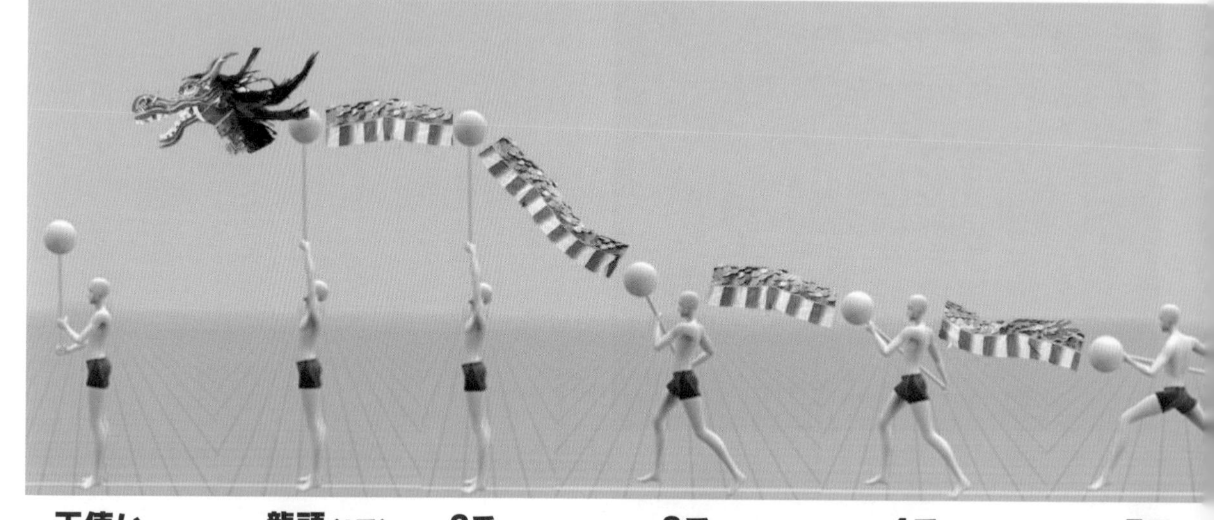

龍衆の基本的な動き

10人の動きで「静」と「動」を表現

龍踊りの演技では、動と静の見せ場（注目点）があります。
「動」の見せ場は玉追い、「静」の見せ場は玉探しとなります。玉追いでは、龍は玉を捕まえようと上下左右にうねりながら追いかけて、胴くぐりを行います。

玉探しでは、胴体の外側に隠れた玉をとぐろを巻いて龍がさがします。以下は各団体の演技を参考にアレンジしたものです、団体によって違いがあり、細かい違いは複雑で、表現が難しいです。

龍衆の10人は龍頭持ちが１番、尻尾が10番と、動きの違いを説明するのに便宜的に番号をつけて呼ばれています。玉をもつ「玉使い」が入り11人一組です。

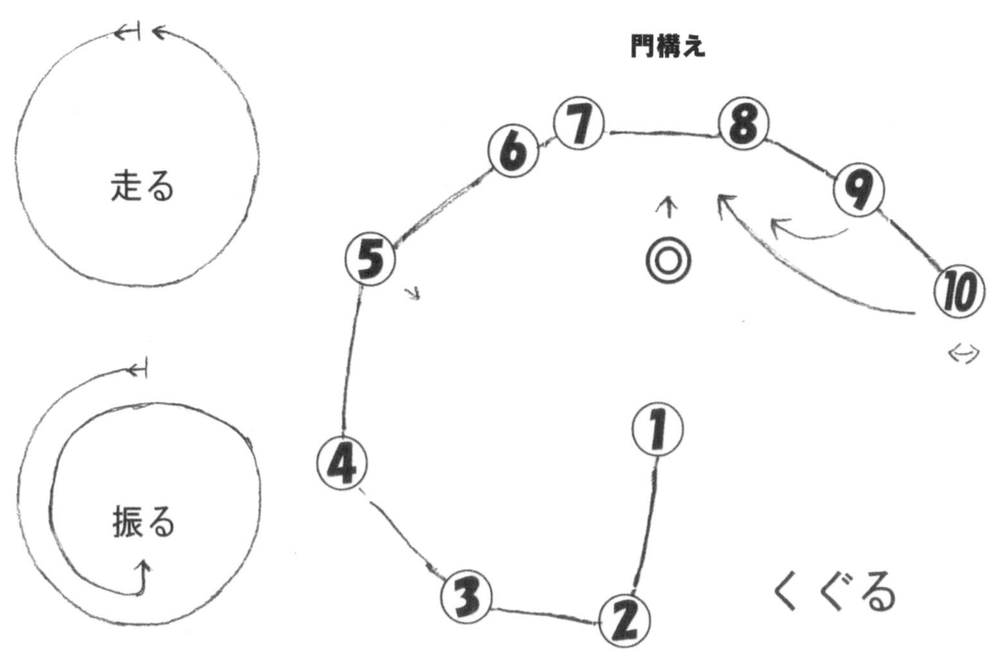

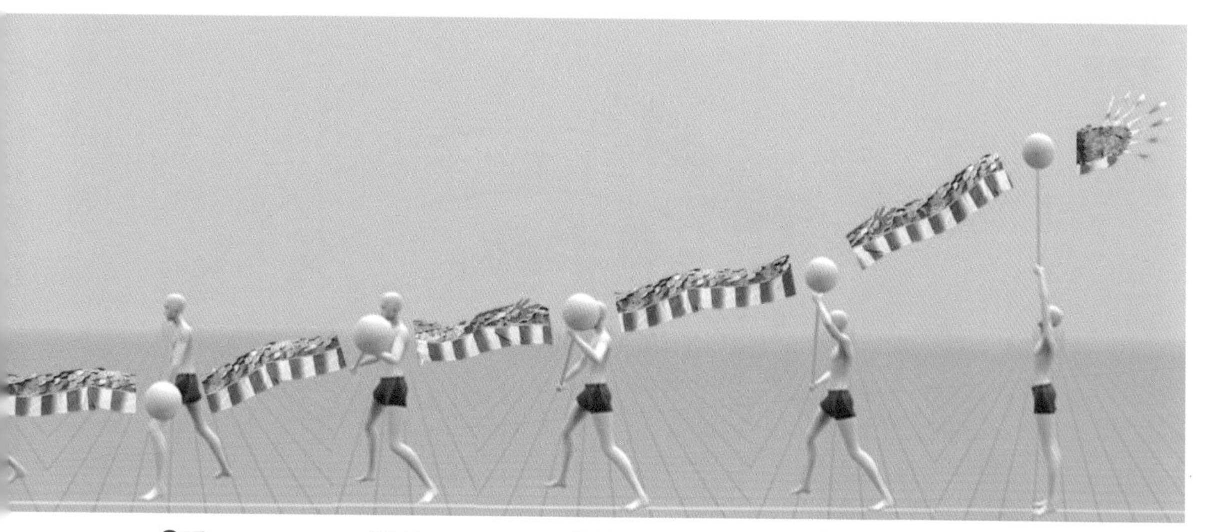

6番　7番　8番　9番　尻尾(10番)

玉追いの基本的な動き

龍が生きているような表現にする

龍の動きは、歩く→走る→振る→くぐる、の演技で構成されています。龍衆が棒を持ち構えたら頭（1 番）から順に持ち上げて、尻尾（10 番）まで持ち上げたことを確認したら歩き始めます。これは龍が生きているように見える動き初めの演技です。※玉使いが正面を通過する時に、演技の切り替えが多くあります。

歩く・・・時計と逆回りで左回りになります。円の動きを守る。

走る・・・玉使いが正面の手前で走る前に、後ろを向いて玉を突き上げる様に合図を出します。玉使いが正面から 1 周走る。玉使いは後ろ向きに尻尾までの動きに注意を払いながら動きます。

振る・・・1 周走って来たら正面手前で龍頭をもっている人と、アイコンタクトして振りはじめます。この時、必ず正面で玉を突き上げ、踊り初めます。振る時は「千鳥足」(後述)の動きをします。

くぐる・・・7 番、8 番が門構えをつくります。そこに全員が胴体を右側に持って左手棒尻を先にくぐり抜けてから左へ進んでいきます。この後に、それぞれに各自の動きを丁寧に説明します。

玉使いは 1 周と少し振った所でくぐるための合図を出します。7 番、8 番が向かい合わせで門構えを作った後、他の人は胴体を右横に構えます。玉、頭が胴体を右横に持ってくぐり、抜けたら左方向に進みます。くぐる時に 6 番は門構えをずらさず 7 番を引きずらないように、ストッパーの役目をします。6 番の役目は目立ちませんが胴くぐりを綺麗に行うために重要です。その後、9 番、10 番が門をくぐるのは 4 番がくぐった後です。9 番、10 番は右側に少し動いて前の龍衆を追いかけるように、左に進みます。7 番 8 番は全員くぐった後自分自身はくぐらずに胴体を内側に下し外側にすくい上げます。これで、よじれることがない胴くぐりが完成します。

＊長崎の多くの団体はくぐり抜けた後、玉追いをもう 1 度行い、通称 2 度打ちといいます。

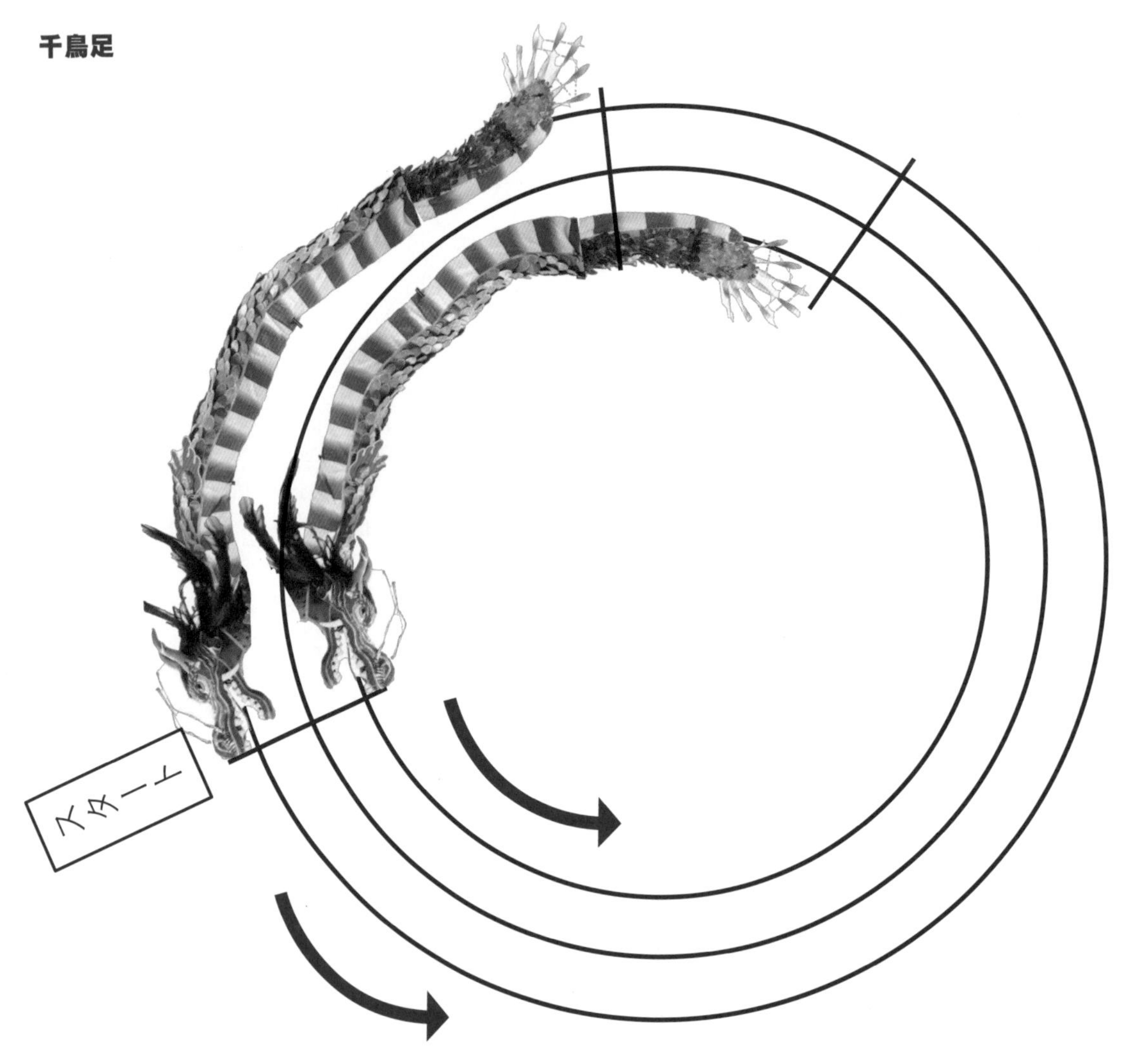

▲龍体の右・外振りと左・内振りとでの、尻尾の位置の差を修正するのが千鳥足

千鳥足の基本的な動き

センターラインに龍体がくるように龍衆は動く

龍踊りを踊る時、足の動きの基本は千鳥足になります。千鳥足とは広辞苑によると、「左右の足の踏みどころを違えて歩く、千鳥のような足つき。特に酒に酔った人の足つき」と記されています。しかし龍踊りでは酒に酔った不規則な動きではなく、リズム感のある規則正しい動きです。龍体を右に振る時、龍衆は左側に前進ステップ、龍体を左に振る時、右側に前進ステップ。テンポよく千鳥足のジグザグ動きで、円を描きながら前進していきます。

なぜ千鳥足をするかというと、龍が通る道筋・軌道（以後センターライン上と表記）に龍体を維持するためです。上図のように千鳥足をしない動きで円を描くように動くと、右に振る時に胴体がセンターラインの右側に進み過ぎる（ふくらむ）可能性があり、そのために8番、9番、尻尾（10番）等の後方の龍衆がついて行けなくなるような動きになってしまいます。そうならないように、全体を美しく滑らかに踊るために、

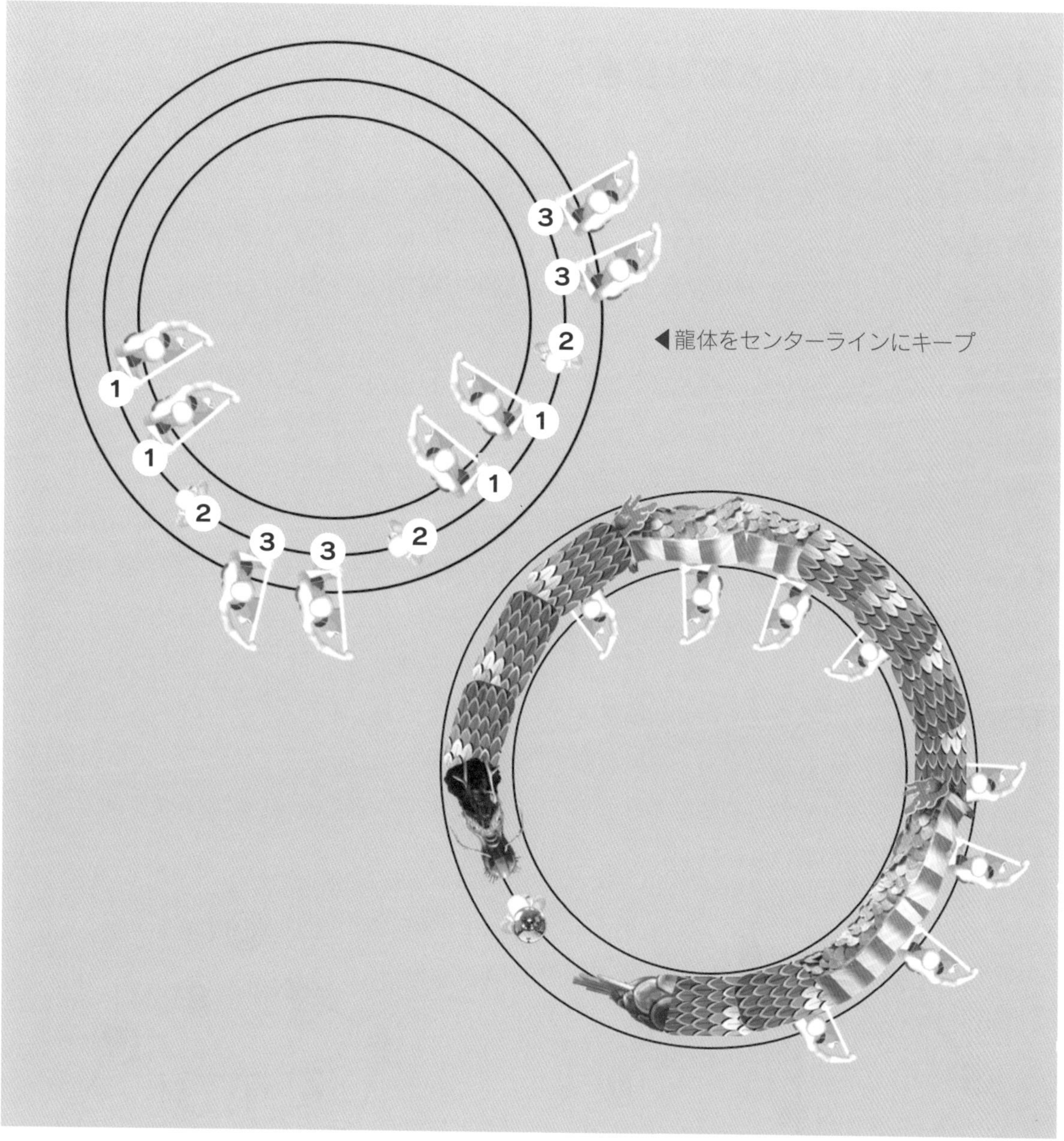

◀龍体をセンターラインにキープ

リズム感のある千鳥足の必要性があります。

千鳥足をもう少し丁寧に説明します。図のように反時計回りで進みます。龍体を右に振る時は①テンポよく千鳥足で左側に前進ステップして、龍体を右に倒しながら、センターライン上に龍体を維持するために龍衆はセンターライン内側に動きます。龍体を振り上げたとき、②龍衆はセンターラインを跨ぐように立ちます。龍体を左に振るときは③テンポよく千鳥足で右側に前進ステップして、龍体を左に倒しながら、センターライン上に龍体を維持するために龍衆はセンターライン外側に動きます。再び龍体を振り上げる時、龍衆はセンターラインを跨ぐように立ちます。この繰り返しでセンターライン上に龍体を維持する龍衆（黒子）の動きが千鳥足です。

QR コードを読み取って
龍衆の動きを確認してください

玉探し(ずぐら)の基本的な動き

隠れた玉を探す龍の見せ場

歩く→構える→頭上で探す→頭下で探す→玉が見つかる→くぐる。くぐった後は、走って玉追いにつながります。演技で構成されています。

歩く・・・龍が自分の胴体の中に玉を追い込み飲み込もうとした時、油断してわき見をしたすきに玉が胴体の外に隠れてしまい、玉を見失った龍がとぐろを巻きながら全体を見渡しながら玉を探します。

構える・・・龍衆10人の立つ位置は上から見ると、ひらがなの「の」字に構え立つのが基本になります。

頭上で探す・・・とぐろを巻く時に龍頭だけでなく、2 番、3 番、4 番、5 番がとぐろを巻くお手伝いをします。龍頭はその場で軸をずらさずに棒を回転させて、頭があたりを見回して玉を探している所を演じます。その時に2番、3 番、4 番、5 番もただ動くだけでなく、サポートの位置と高さのバランスを取る事が大事なのです。わかりやすく説明するとソフトクリームみたいに巻きながら美く見せるようにします。

頭下で探す・・・龍頭が上を見ても見つからないので、下を探しにいきます。下を探す時に尻尾は上に上がってバタバタ イライラと龍の感情を表現しています。もう 1 度入れ替わって今度は逆回転で反対に（右巻き）に巻いていきます。

玉が見つかる→くぐる・・・玉の見つけ方は各団体で違ってきます。探し方も色々で1−1(いちのいち) 上を 1 回下を 1 回探す、2−1(にのいち) 上下上と探す、2−2(にのに) 上下上下と探す、等があります。玉を見つけたら胴体をくぐり抜けて前述の玉追いに続きます。

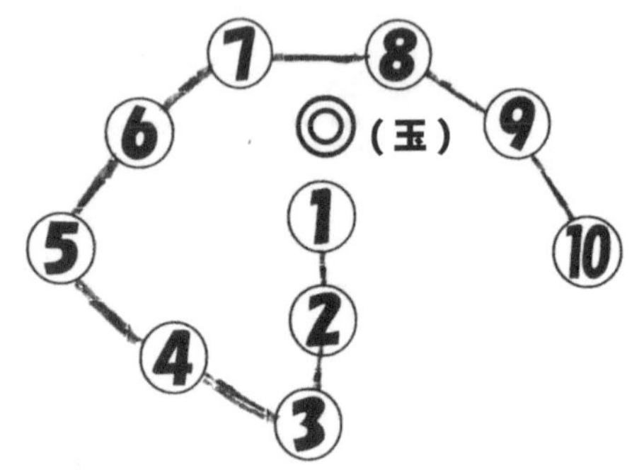

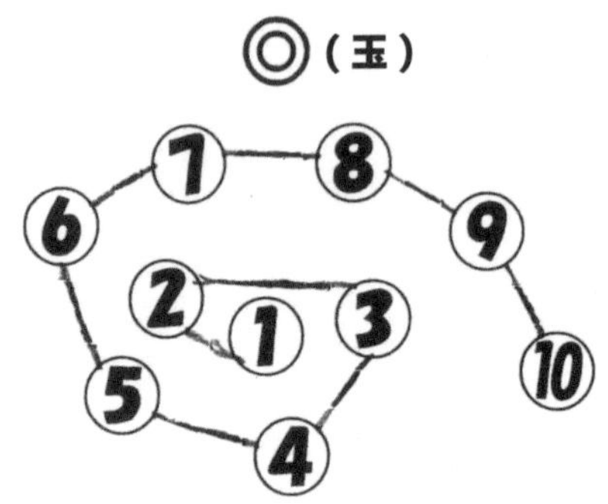

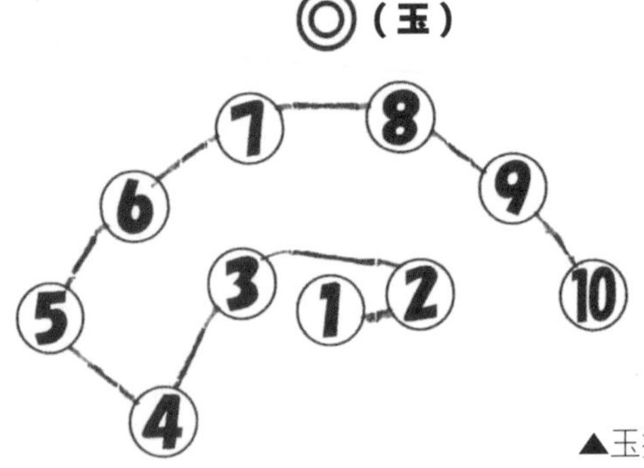

▲玉探しの時のサポート場所の変化

▲玉探し

玉追い　歩く→走る→振る*A→胴くぐり*B　　玉探し　歩く→とぐろを巻く*C→玉を探す→胴くぐり

	*A上下左右に振る	*Bくぐる	*Cとぐろを巻く
玉使い	リード役、龍踊全体を把握しタイミングよく大声で指示する		
	頭とタイミングを合わせ、 玉を天高く振る	玉を右横に持って左手から門をくぐる	龍頭に見つからないよう、 玉を胴体に隠す
龍　頭(1)	玉を天高く追いかける 最も重量があるので体力腕力が必要	頭を右横に持って左手から門をくぐる	演技の一連の流れをつかんで演じ、 とぐろを巻いて玉を探す
2　番	龍頭のサポート、鱗を前に少し たるませる。頭と同時に振る	胴体を右横に持って左手から頭の後に 門をくぐる	頭がとぐろを巻きやすい位置に移動し 高さにも気を付ける
3　番	２番をフォローする為に前に少し たるませる。頭と同時に振る	胴体を右横に持って左手から２番の後に 門をくぐる	2番がとぐろを巻きやすい位置に移動し 高さにも気をつける
4　番	龍が生きている様にうねりを つくりだす。3番より遅れてうねらせる	胴体を右横に持って左手から３番の後に 門をくぐる	3番がとぐろを巻きやすい位置に移動し 高さにも気をつける
5　番	４番より遅れてうねらせる	小回りして６番を助ける役目。胴体を右横 に持って１０番と同時に左手から門をくぐる	４番が巻きやすい位置に移動し 高さにも気をつける
6　番	５番より遅れてうねらせる	門構えがずれない様にストッパーに なり前の動きをとめる。胴体を右横に 持って左手から門をくぐる	とぐろ巻きの動きを７番に伝えない
7　番	６番より遅れてうねらせる	後ろを向き門構えをつくる ねじれない様に自身はくぐらずに 胴体をすくい上げる	門構えをつくり動かずどっしりと構える
8　番	7番より遅れてうねらせる	7番と向い合わせの門構えをつくる。 ねじれない様に自身はくぐらずに 胴体をすくい上げる	門構えをつくり動かずどっしりと構える
9　番	8番より遅れてうねらせる	胴体を右横に持って左手から6番と 同時にくぐる	尻尾の動きを８番に伝えない
尻　尾(10)	9番より遅れてうねらせる	胴体を右横に持って左手から5番と 同時にくぐる	細かい動きで龍の生命や苛立った感情を 表し次第に激しく動く

長崎大学の龍踊り部＞「龍踊り」を科学する指導法

基本を押さえた「型破り」の部活

私は長崎大学の龍踊り部の学生を指導しています。龍踊り部の学生たちは長崎くんちなどの、本格派な人たち（龍衆）とは違い、男女問わず貧弱な学生が多く見られます。体力がない学生が多いのですが、それでも龍踊りを行いたいと思う学生のために、省エネ的な動きも伝えています。（実際はもっと体力をつけてほしいのですが）

ここでは私が関わっている長崎大学の龍踊り部の指導の方法を紹介します。学生が短期間に学んで、演技しやすいように簡単でわかりやすい型になっています。くんちの龍踊りとは別次元なことをご理解ください。

型破りという言葉をご存知でしょうか？　伝統芸能や歌舞伎の世界で使われる言葉になりま

▲龍踊部　初代から現役

す。基本型はそのままで色々な形を変えていく事に使われています。基本の型を何も知らずにやるのは型なしとされ軽蔑されるので、私は型破りであっても型なしにはしたくないと思っています。私が教えるのは、くんち等でやっている龍踊りの型を理解したうえで、大学生用の新しい型だと思っています。

龍踊り部の学生たちは、卒業するころには身体だけでなく、心も強くなった感じがします。練習での体力づくりやチームに溶け込む考えなど、他人のことを考え、ひとりひとりがきちんと自立して本番をむかえ、多くの人の前で実演をすることは、社会と関わる準備が出来る部活動なのではないのでしょうか？

龍踊り部は社会に出るためのウォーミングアップと同時に、社会勉強の実践実習が自然に埋め込まれた部活動になって欲しいものです。

テーマは「省エネ」

学生への龍踊りの演技指導にあたって、テーマは「省エネ」としています。ここで使う「省エネ」は、効率よく使う 効率よく動くということです。力学的・科学的な数字を使って説明することで理解してもらっているのですが、工学部等の学生等から教えてもらった数字がヒントなのです。

テコの原理（支点 力点 作用点）

図を見てください。龍体を持つ棒を振るときに自分の体に近づけて反対の手でバランスを取ることで、負荷が少なくなります。また悪い例として龍の胴体が自分の体から遠いところにあると負荷が大きくなります。ちょっとした工夫を凝らすことで無駄な力を使わない省エネの動きに繋がります。この動きは学生達の龍踊りのエネルギッシュな動きの持続にも繋がっていくのです。

棒の長さを120cm、胴体を10kgとして計算しやすく仮定します。胴体から10cm離れると11kgの負荷となるのに、50cm離れると約17kg以上の負荷がかかることになります。

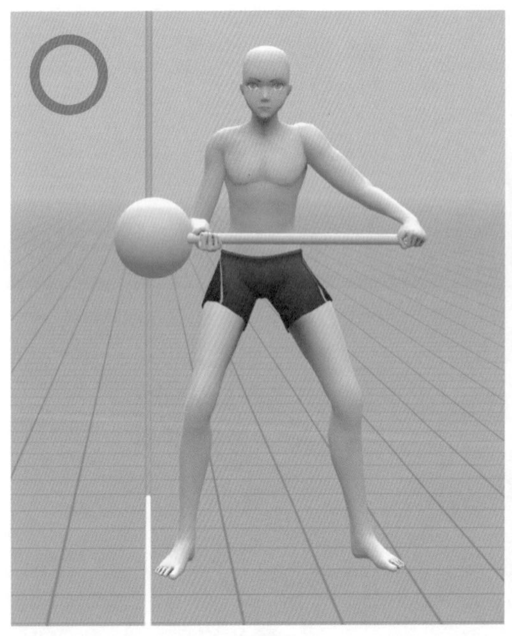

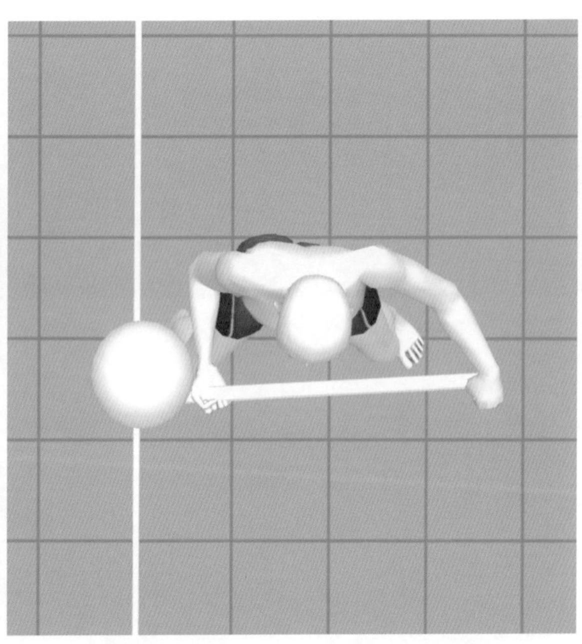

良い例：自分の体に近づけて反対の手でバランスを取ることで、負荷が少なくなる

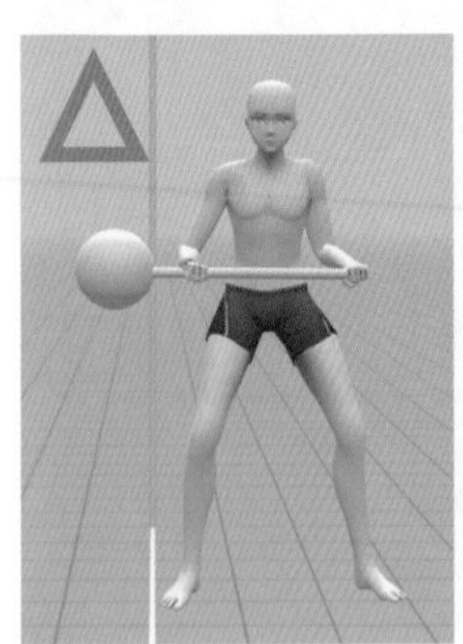

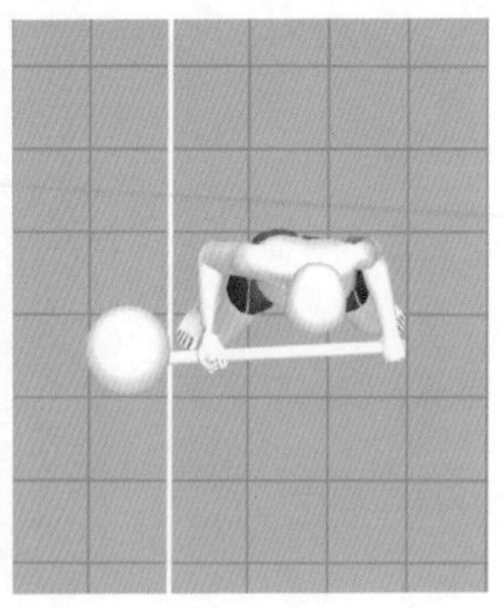

悪い例：10cm離れると11kgの負荷となる

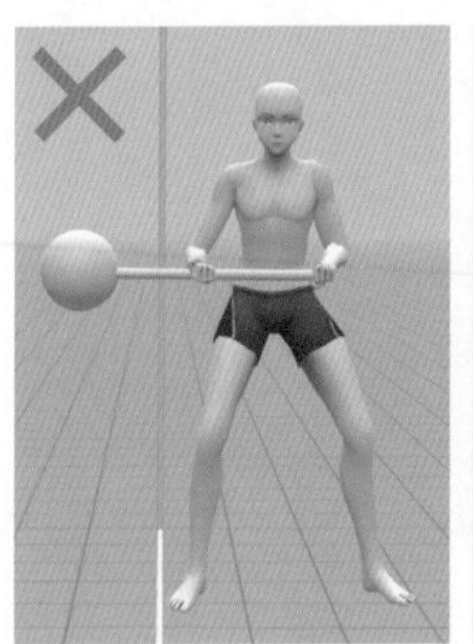

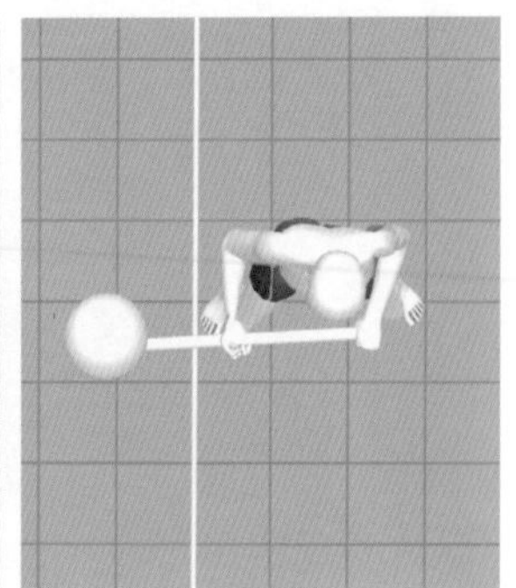

悪い例：50cm離れると約17kg以上の負荷がかかる

棒を持つ角度

龍体を支える棒をもって歩くときや、最高点に突き上げたときの、正しい（理想）角度と、間違った角度の違いを説明したいと思います。(図を見て下さい)

垂直（90 度）に対して、89度で持った場合、龍体を維持するだけで龍体の自重で前に進む事ができ、無駄な力を使わずにすみます。垂直に持った場合は 89 度と比べ力を進行方向へ加えなければ前に進めないのです。力を見せつけようとした学生が 110 度ほど後ろに傾けた持ち方をしました。この場合、4割増しの無駄な力を使うため、演技時間が長くなればなるほど後半はバテてしまったのです。それに、龍頭のあごが上がった顔に見え、見た目としてもおかしいのです。

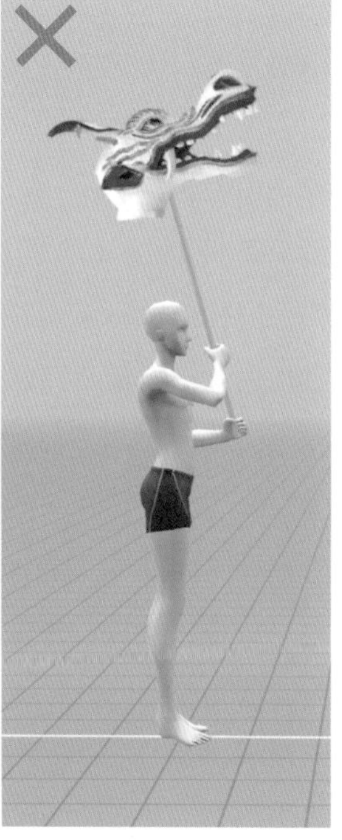

（左）○· 理想の角度→棒89度　頭の重さ10kg
傾きに加わる力 0.1kg　計10.1kg

（右）×・悪い角度→棒 110 度　頭の重さ10kg
傾きに加わる力 4.1kg　計14.1kg

最高到達点

両腕をピンと伸ばしただけではなく垂直に伸ばすと、最も高い所に玉や頭や胴体が上がって行くのです。図をご覧ください。手が垂直に伸びた時と60度ぐらいとでは高さの差が出るのです。突き上げた手が自分の耳に当たると垂直になっているので正解で、突き上げた手が視線の先にあると（見える）間違いだと身体で覚えて貰っています。

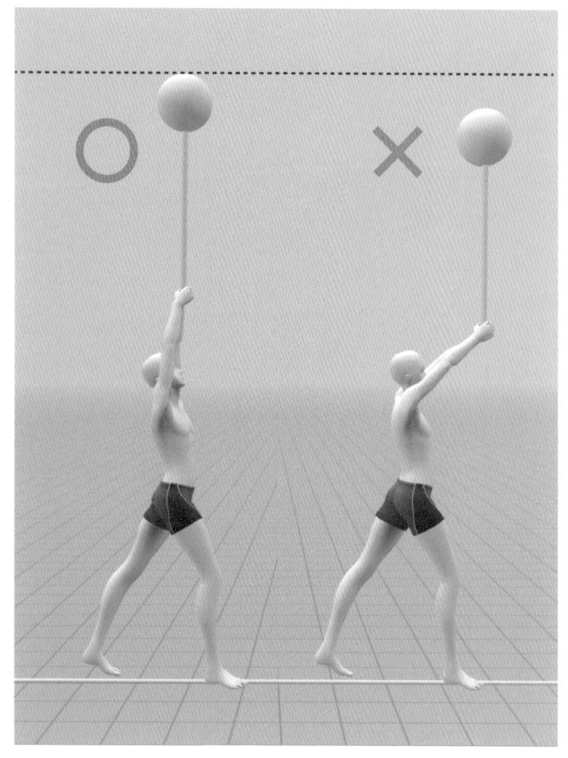

垂直と60度の最高到達点の差

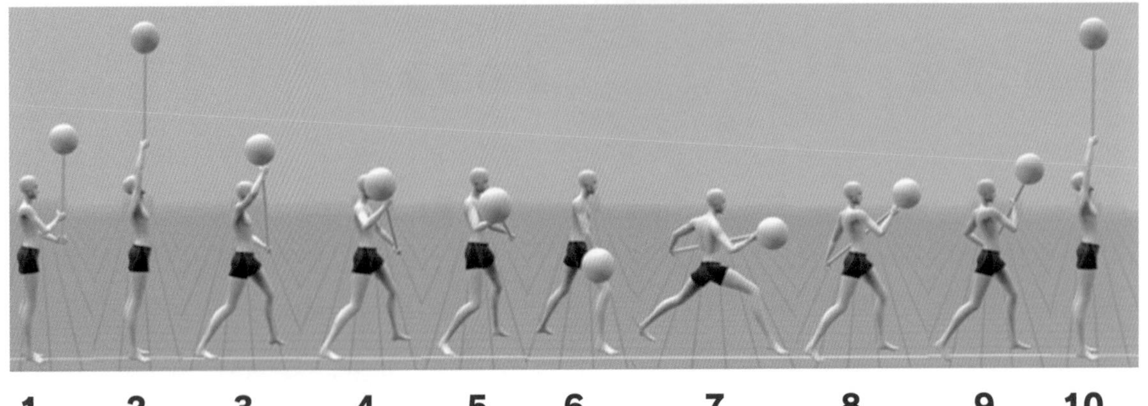

「ジェットコースター理論」「なめらかな」動き

慣性の法則とは、「静止した物体は静止しているが、力が加えられて動いている物体は重力の力で、同じ速さで進む等速直線運動を続けている」なのです

この法則を利用して振り上げた①の高い位置から下に振り下ろす時に途中で、龍体をガッチリ受け止めたり、握ったりせずに②のような形になります。よく見かけるのが、力を入れてつかんでしまう振り方は、流れる様な龍の動きではなくなります。次に③〜④のように自然に力を込めずに横から前に振り上げるような軌道修正をしながら、⑥の理想の軌道上に誘導していきます。

その後、⑦⑧⑨と胴体をつかんだ手ではなく、反対の棒尻の手で突く上げるように、振り始めた高い位置にもっていきます。ジェットコースターの動きみたいに加速を利用することで、位置エネルギーを運動エネルギーに変えて行く時、龍がなめらかな動きになり、左右の手の合同技になります。①〜⑨までの動きは2〜3秒の動きになります。

手の動きとしては胴体を持った手(右手)→勢いをころさない。

軌道修正の手、棒尻の手(左手)→バランスを取った後に一気に突き上げる。①〜⑨までが終わったら⑩〜⑳までは持ち手を逆にする。天高く舞い上がり、地をはうように、滑らかに踊ります。

その後、⑦⑧⑨と胴体をつかんだ手ではなく、反対の棒尻の手で突く上げるように、振り始めた高い位置にもっていきます。ジェットコースターの動きみたいに加速を利用することで、位置エネルギーを運動エネルギーに変えて行く時、龍がなめらかな動きになり、左右の手の合同技になります。①〜⑨までの動きは2〜3秒の動きになります。

手の動きとしては胴体を持った手(右手)→勢いをころさない。

軌道修正の手、棒尻の手(左手)→バランスを取った後に一気に突き上げる。①〜⑨までが終わったら⑩〜⑱までは持ち手を逆にする。天高く舞い上がり、地をはうように、滑らかに踊ります。

◆龍に関する豆百科◆

「竜」と「龍」

西洋の「りゅう」は「竜」の文字が使われ､竜は悪の化身と言われています。トカゲや蛇に似ています。爬虫類のような身体を持ち、羽はあるが顔にひげがなく、ときには幾つもの頭があり、ドラゴンと呼ばれています。東洋の「りゅう」は「龍」の文字が使われ、龍は神聖な瑞獣です。羽はないが顔に髭があり、４本の足、身体は蛇のように細長い。中国では天候を掌るとされていたことから転じて、皇帝のシンボルとなり、ロンと呼ばれています。

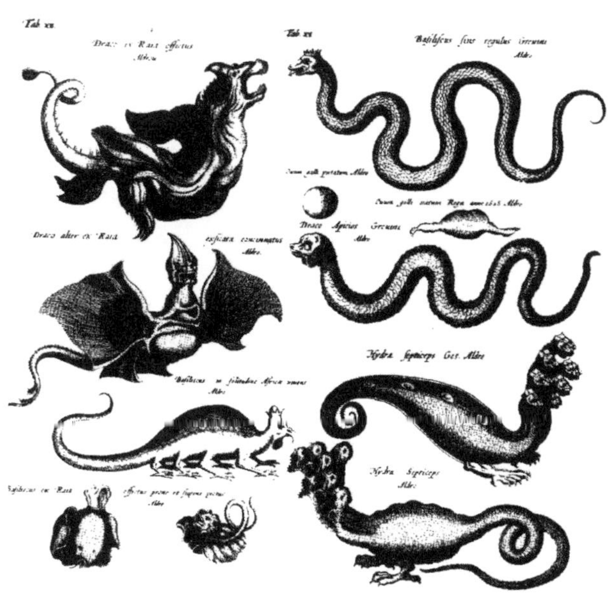

▲龍の歴史大事典・笹間良彦・遊子館

◆龍に関する豆百科◆

龍踊り体験の絵本出版

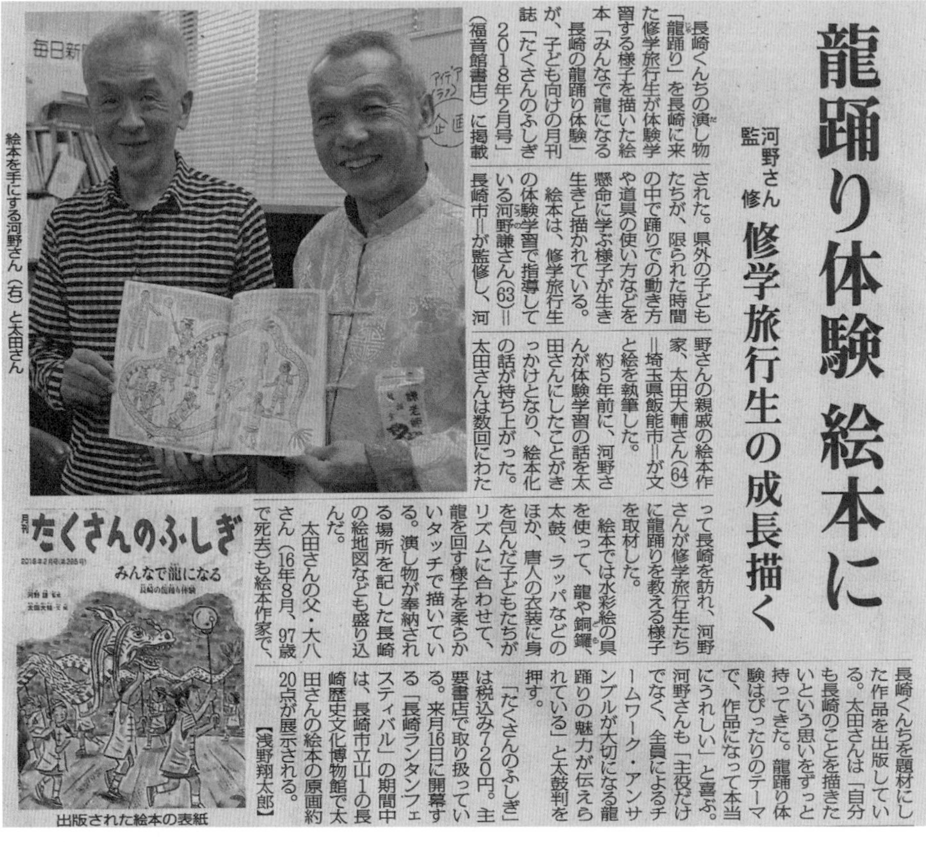

龍踊り体験 絵本に

修学旅行生の成長描く

河野さん監修

長崎くんちの演し物「龍踊り」を長崎に来た修学旅行生が体験学習する様子を描いた絵本「みんなで龍になる 長崎の龍踊り体験」が、子ども向けの月刊誌「たくさんのふしぎ」2018年2月号（福音館書店）に掲載された。県外の子どもたちが、限られた時間の中で踊りでの動き方や道具の使い方などを懸命に学ぶ様子が生き生きと描かれている。

絵本は、修学旅行生の体験学習で指導している河野謙さん(63)＝長崎市＝が監修し、河野さんの親戚の絵本作家、太田大輔さん(64)＝埼玉県飯能市＝が文と絵を執筆した。

約5年前に、河野さんが体験学習の話を太田さんにしたことがきっかけとなり、絵本化の話が持ち上がった。太田さんは数回にわたって長崎を訪れ、河野さんが修学旅行生たちに龍踊りを教える様子を取材した。

絵本では水彩絵の具を使って、龍や銅鑼、太鼓、ラッパなどのほか、唐人の衣装に身を包んだ子どもたちがリズムに合わせて、龍を回す様子を柔らかいタッチで描いている。演し物が奉納される場所を記した長崎の絵地図なども盛り込んだ。

太田さんの父・大八さん（16年8月、97歳で死去）も絵本作家で、長崎くんちを題材にした作品を出版している。太田さんは「自分も長崎のことを描きたいという思いをずっと持ってきた。龍踊り体験はぴったりのテーマで、作品になって本当にうれしい」と喜ぶ。河野さんも「主役だけでなく、全員によるチームワーク・アンサンブルが大切になる龍踊りの魅力が伝えられている」と太鼓判を押す。

「たくさんのふしぎ」は税込み720円。主要書店で取り扱っている。来月16日に開幕する「長崎ランタンフェスティバル」の期間中は、長崎市立山1の長崎歴史文化博物館で太田さんの絵本の原画約20点が展示される。【浅野翔太郎】

絵本を手にする河野さん（右）と太田さん

出版された絵本の表紙

▲2018年1月14日　毎日新聞

福音館書店発行の月刊「たくさんのふしぎ」2018年2月号「みんなで龍になる」を出版しました。12万部。龍踊り体験そのものが絵本になるとは、今でも夢を見ているようです。

第５章・龍体解剖

初公開 体験学習用龍体のひみつ

初公開 体験学習用 龍体のひみつ

軽量で丈夫な龍体づくりの試行錯誤

現在使われている龍体の構造、材質がいつのころからなのか記録が見つかりません。しかし私が思っている、伝統的な龍体というのは、籠町の伊藤詔生さん 諏訪町の中山昭三さん　筑後町・五島町の田中常治さんが主導でつくられたものだと思います。彼らが手掛けた龍体には素晴らしいものがあります。

これらを参考にさせてもらい私は数種類の龍を手掛けました。そして修学旅行生の体験学習用に、軽量で丈夫な龍体を試行錯誤しながら、自分なりに作りあげました。体力のない児童・生徒が簡単に持てるにはどうしたらいいのか、頭の中で描きながら制作に入り、いまの体験学習用の龍体ができあがったのです。

この章では、龍体の制作過程をタネ明かししていきましょう。

	(A)一般	(B)通常	(C)修学旅行用
棒	樫の木の棒	鉄パイプ	鉄パイプ
ウロコ	厚紙、竹、寒冷紗、和紙	正式鱗18㎝ 11ｇ 厚紙、竹、寒冷紗、和紙	簡略鱗18㎝　4ｇ プラスチックコーティング紙
輪	籐の輪	籐の輪	籐の輪
頭	紙粘土など	ＦＲＰ	3Ｄ素材(ポリアミド・・・)
背中の剣	紙粘土など	ＦＲＰ	ＦＲＰ
尻尾	クジラのひげ	3Ｄ素材（ポリアミド・・・）	3Ｄ素材(ポリアミド・・・)
足	紙粘土など	プラスチック	プラスチック
炎	布など	プラスチック	プラスチック
玉	木	ステンレス球	ステンレス球
長さ	約20ｍ	約２０ｍ	約17ｍ
間隔	等間隔	１～２の間 ７～８の間 ９～１０の間が２０㎝長い	１～２の間 ７～８の間 ９～10の間が20㎝長い
重さ	約100kg	５０kg未満	30kg未満

▲体験学習用龍体全景

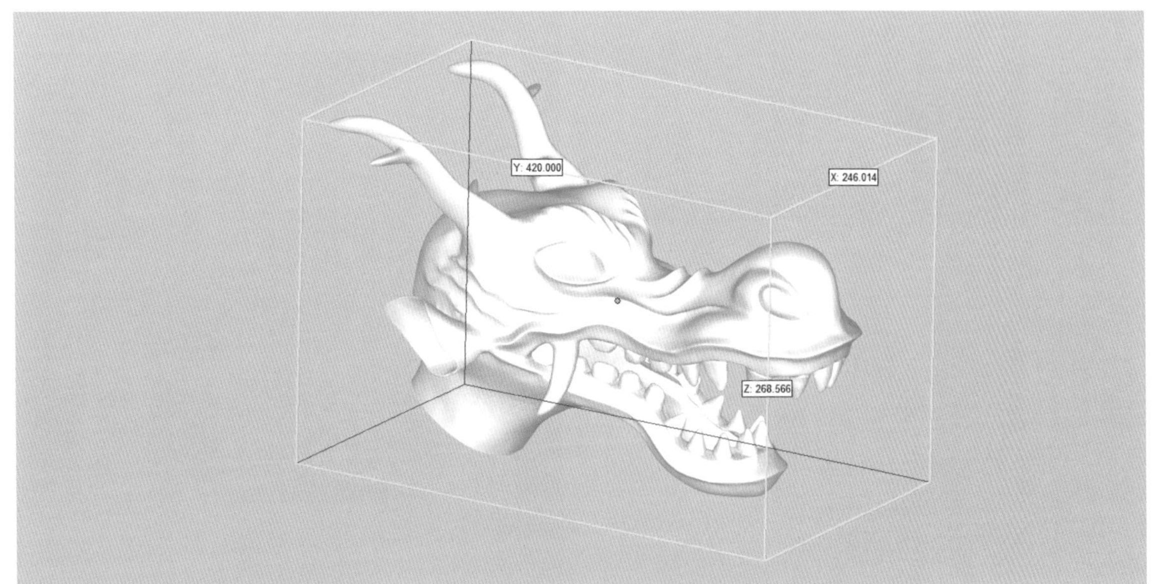

軽量で丈夫な龍体が完成するまで

頭　以前は粘土で同じサイズの龍頭の模型を作り、そこに型素材を塗り変形しないように石膏で枠を作り、内側からFRPを貼り付けて頭の形を分割して作り組み立てていました。

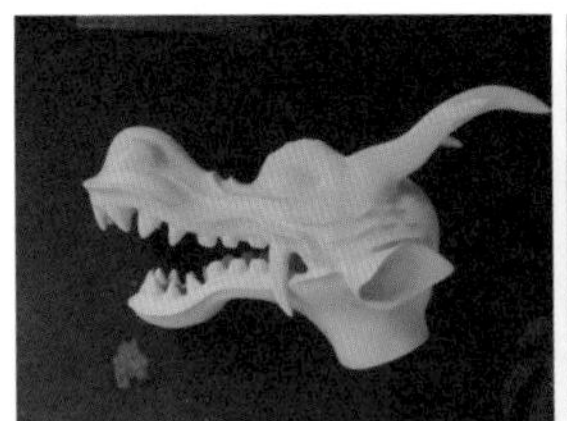

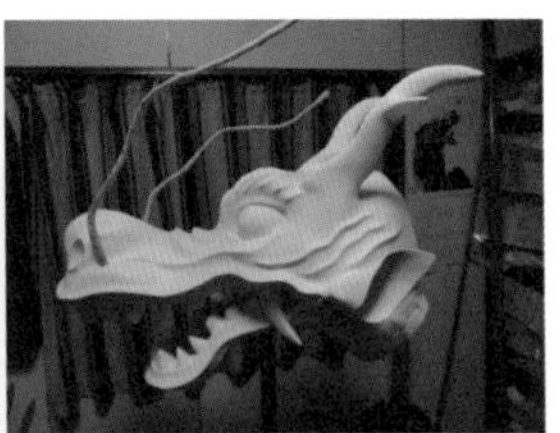

その後、棒の取り付け加工をして色や髪の毛をつけていき、頭の製作作業がサポートスタッフと二人で頑張って１カ月以上の時間を費やしていました。同じ型を利用して３つの頭を作ったあと、新しい技術を取り入れたくて、3D（立体成型）で龍頭を作ろうと考えました。そこで最後の１つを3D専門の会社に送って、3Dスキャンしデータ化して3Dプリントの龍頭が完成したのです。

修学旅行の体験学習用には青龍と白龍があり、ときどき先生から「頭（顔）が似ていますね？」と尋ねられることがあります。その時には「3Dで作っているのでベースはまったく同じなのです」とお答えし、「目などの描き方や着色で表情が違ってきます」と説明するとビックリされることが多いのです。（表紙参考）我々の作業も3Dになり、頭制作に長い時間を費やすこともなくなり、スムーズになりました。いままでに大小5体の3D龍頭が誕生しています。私の勘違いでしたら申し訳ありませんが、ある町の龍頭は最近３Dの技術を取り入れていることに嬉しく思います。

棒　龍体を支える棒は、通常は樫の木が使われているようです、しかし私は金属のパイプを使用しています。なぜなら金属のパイプは、同じ太さや長さの木の棒と比較して、1kg以上軽くて折れることがなく、強度と軽量化の両方を兼ね備えているからです。それに、木の棒は年数が立つと劣化していき、ある時、棒が折れたということを耳にしたことがあります。しかしながら金属のパイプは、いま使用している古いパイプでも30年以上は使っていますが健在です。（金属疲労という言葉は知っています）

胴体　龍の胴体を作るには、龍のまるみを保つために内側に籐の輪を入れて、ひとつの輪を8本のロープで結んでつなぎ、骨組みを作ります。

それができたら鱗がついている布地をロープで繋がれた籐の輪を囲うように包み込むのです。以前籐の輪は日本で発注していましたが、今では上海で業者を見つけて作ってもらっています。日本の場合は、見栄えが重視されていて価格もかなり高かったのですが、胴体に使う籐の輪は内側の部分になるので、私は見栄えより強度と軽さと価格を考えて上海の業者に頼むことにしました。

鱗（うろこ）　私は、正式、簡略、一枚布の３種類の鱗を、用途によって使い分けています。

正式な鱗　作り方の基本として、鱗が形になるまでが数段階、色塗が4段階、合計最低10段階を超える工程になります。まず、厚紙を鱗の形に切る→そこに竹の芯をは貼る①→その上に寒冷紗（ガーゼみたいに、荒く平織りに織り込んだ布）を上から貼る→その上に和紙を貼る→寒冷紗も

和紙も、ベースより一回り大き目な型になっている。②→それをはみ出た部分に切り込みをいれて裏側に折り返す。③④→折り返した所がはげないために裏側にも和紙を貼る⑤→鱗の形が完成して裏側に赤色を塗る。→表側には龍体の色（一般的には青）を塗る。→金色のふちどりをする。→最後に透明なペンキを塗る。正式鱗は昔ながらの細やかな作業になるのです。

簡略な鱗　作り方の基本として、強度のある紙に、形からすべて、色・ふちどり・裏の赤・表の青といった、鱗の形と色を印刷しています。それを紙工所で型抜きし→型抜きできた所で芯をつける（同じ紙をつける）。簡略鱗は、正式鱗の作業と比べて、10分の1ぐらいの作業工程になります。鱗の重さも三分の一から四分の一の重さとなって、体験学習の児童・生徒にも負担なく使える軽量な龍体を作ることができます。

正式な鱗

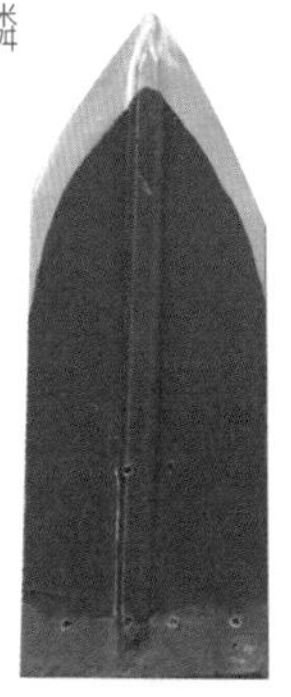

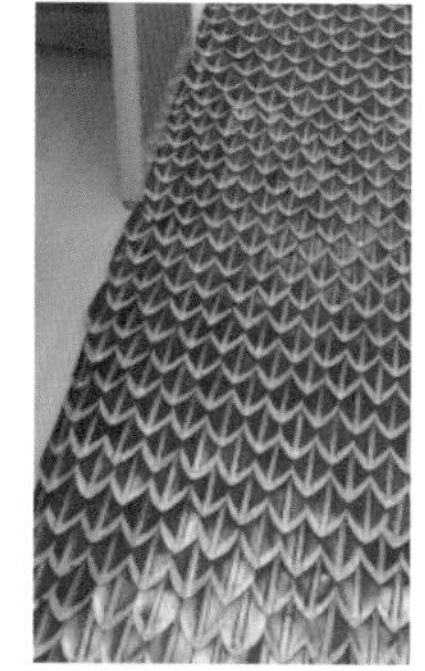

簡略な鱗

▼一枚布の鱗

一枚布の鱗　鱗が印刷された布地を使って裁断し縫い合わせるのが一枚布の鱗です。作業も簡単にでき正式鱗の10分の1の重さになります。一枚一枚の鱗の取付でなく布地に印刷されている鱗なので、鯉のぼりみたいな感じもしますが、龍として何の違和感もないと満足する人もいます。いま、中国で行われている龍舞はほぼ一枚布鱗になっています。

尻尾（しっぽ）　龍の尻尾を作る際、一般的にはクジラのひげを使って作っているようです。私は以前、尻尾の強度を考えてＦＲＰ素材を使っていました。ただ近年では龍頭を３Ｄプリントに移行すると同時に、尻尾も３Ｄ素材に変更しました。変更してみて３Ｄ素材が便利だというのに気が付いたのです。１本の尻尾の外形作りの場合、大中小で考えれば、大は中の２割拡大、小は中の２割縮小で指示すると事務所の作業で簡単に、技術者が数字を打ち込むと希望のサイズのデータができあがるのです。次の段階の作業として、尻尾の根元を固定して先端を半回転することを指示すると、3次元の世界では尻尾のひねりができて美しいものになり、これを使用しています。私はこの半回転で満足していますが、リクエストがあれば、らせん状の尻尾（何回転もできる）が可能になり、3Dの技術は素晴らしいと改めて思っています。

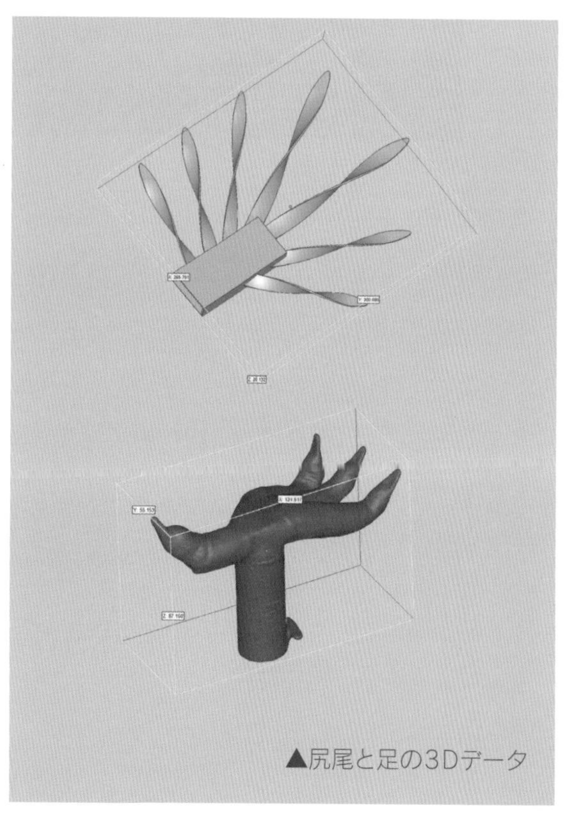

▲尻尾と足の3Dデータ

龍
コラム

◆龍に関する豆百科◆

逆鱗 げきりん

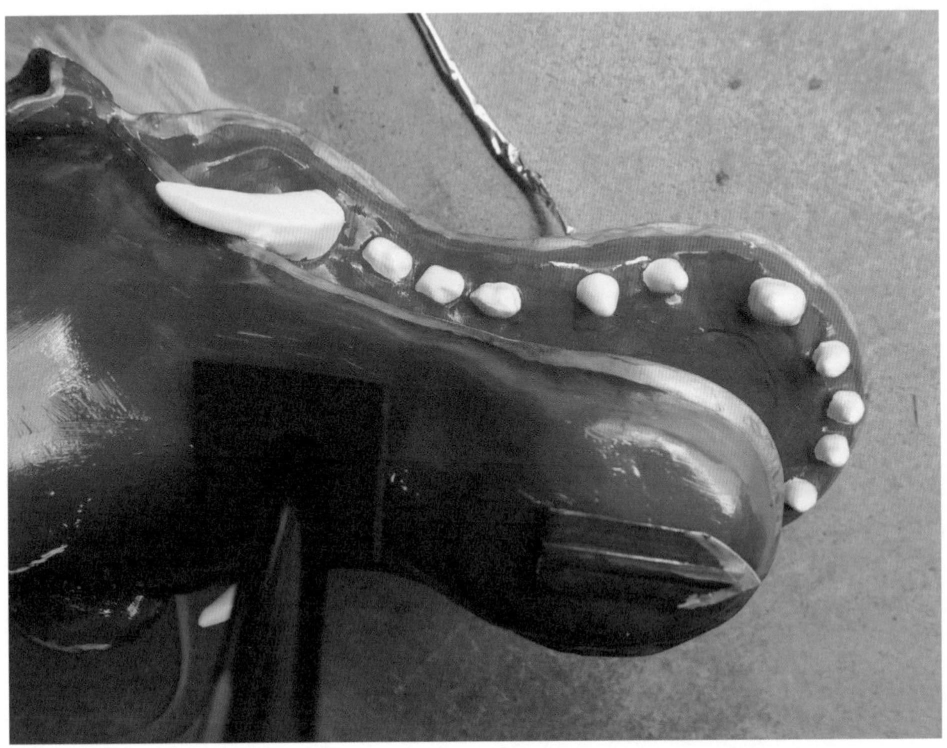

龍を使った諺で「逆鱗に触れる」があります。逆鱗とは龍のアゴの下にある逆向きの一枚の鱗のことを言います。それに触れると普段はおとなしい龍が激しく怒り、そして相手は必ず殺されるという伝説があります。現在では「逆鱗に触れる」という言葉は、目上の人を激しく怒らせる事に用いられています。

第６章・「じゃおどり」絵本の歴史

描かれた「蛇踊り」の絵を読む

えほん

描かれた「蛇踊り」の絵を読むえほん

ここからは今までと違って、時代を龍踊りに関する過去へと巻き戻していきます。

この章では、内容的にはかなり深堀りしますが、古い絵を見るだけではなく、絵を読むような手法で、分かりやすく楽しく伝えることを心がけています。童心にかえって絵本を読むような感覚でおつきあいください。では皆さん「じゃおどり」の歴史をお楽しみください。

＊江戸時代から60年ぐらい前までは「蛇踊」と書いて「じゃおどり」と読んでいました。

これから見ていくそれぞれの絵には、共通する読み解き点があります。それは以下の部分です。

1：第一印象

2：オモシロイところ

3：気になること

となりますので、どうぞ退屈せずにお付き合いください。

絵図全体への疑問点

胴体と棒のギャップ　見た目の龍の大きさに比べて、棒が細く長すぎる感じがします。これは本体を強調するために、棒をあえて細くしているのかと思われます。また人物は画面の下段に描かれ、龍は画面の中段から上段に幅広く描かれていることもあるでしょう。

鱗の疑問　鱗は独立した一枚一枚の取付たものなのか一枚の布に描かれているものなのか、分からないのですが、皆様はどう思われますか。長崎的視線では鱗が多数付けられている様に思える·見えるのですが、中国的には鱗が独立していない一枚布かもしれません。『雲錦随筆』には「木綿に彩色」、江戸の見世物には「木綿製」と書かれています。それに加えて背中の剣や足は鱗（胴体）からはみ出しています。これも平面的なのか、立体的なのか分からないのです。

お腹の疑問　絵によって平面的にも見えるものがあり、モコモコしたような立体的にも見えるものもあります。これもウロコと同じなのでしょうか、描き方の差なのか作り方の差なのかが気になります。

▲『清俗紀聞』燈棚（中川忠英）

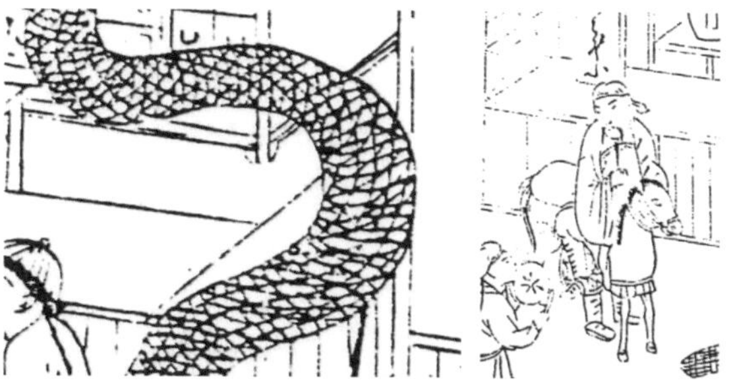

『清俗紀聞』燈棚（中川忠英）

『清俗紀聞』は1790年ごろの中国の様子を聞き書きして、文と絵にまとめている本で、そこに描かれている一場面が「燈棚」です。これは旧正月の上元の日の夜に行われていた燈籠祭、現在の長崎のランタンフェスティバルの原型です。絵の中の龍踊りは龍燈(ロントン)と言われるもので、龍の形をした篭の中に蠟燭を灯し持ち歩いている様子が描かれています。

龍衆＝玉+7人、楽隊＝3人。

1. 固定されているランタンフェスティバルのオブジェが色とりどりに光りながら動いている雰囲気を想像しています。構造的な制約でしょう、髪と足が付いていないようです。

2. 左横に描かれている馬踊りは演じている人の足が見えるのが楽しい。（後述の祭祀図の東浜町にも描かれています）

3. 清時代の提灯の色には、オレンジ、パープル、グリーン・ブルーなどがあるのかな？と気になります。見物が楽しくなりそうな色を頭のなかで思い浮かべ、モノクロの絵をカラーに色付けしています。

4枚の古版画と古い絵図

つぎに、4枚の絵を一度に説明したいと思います。

A『唐人蛇躍』(長崎古版画) 龍衆=玉+9人。

B『蛇踊り』(古今集覧名勝図絵) 龍衆 = 玉+6人、楽隊=5人。

C 『蛇踊図』(長崎名勝図絵) 龍衆=玉+6 人、楽隊=7人。

D『唐人蛇躍図 』(古版画) 龍衆=玉+9人。

1. 4枚すべてが唐人屋敷の中で行っているのを見て書いたと思われ、演じているのは日本人ではなく唐人だと思われます。龍体は共通点として、ナマズのような髭は前の方に伸びていて、目は鋭く丸いギョロ目で、髪は短めでフサフサして、足は三本爪です。Bの喇叭は背丈の1.5倍の長さです。BとCの玉には飾り布が付いていて、華やかな感じがします。龍衆と楽隊の衣装が違うのは、出身地別で役割分担しているのかと思われます。

2. 玉使いの衣装は三国志時代の武将みたいで重そうです。鎧のように見える衣装は、本当の鎧だったのか刺繍とか絵に書いたものなのか気になります。C以外のベストは長めでふんわりとした縁取りがあります。Cの楽隊には胡弓とチャルメラも入っているので、メロディアスな龍囃子の演奏だったのかなと気になります。

3.『唐人蛇踊図』の絵の中央部に描かれている剣のようなものは、なんなのか知りたいです。

A『唐人蛇躍』(長崎古版画)

B『蛇踊り』(古今集覧名勝図絵)

C『蛇踊図』(長崎名勝図絵)

D『唐人蛇躍図』(古版画)

▲『唐館絵巻』(川原慶賀)(長崎歴史文化博物館蔵)

『唐館絵巻』(川原慶賀)

この絵も唐人屋敷の中での龍踊りが描かれています。描いたのはシーボルトの絵師・目と言われる川原慶賀です。彼の作品なので、龍踊りだけでなく建物全体含め、当時を正確に描いているすべてが信用できる絵だと思います。

龍衆＝ 玉+9人、楽隊=7人。

1. 龍の動きがダイナミックで躍動的に見えます、現在中国で行われている龍舞の雰囲気を感じます。現在の中国のように軽量なのでしょう。

2. 左側 古今集覧名勝図絵の楽隊の喇叭は、今と同じく、真っ直ぐな伸縮式なのですが、ここではホルンのように一回転しています。どんな音色だったのか、高音なのか中低音なのかと想像しています。また、右の中段に放し飼いのイノシシみたいな生き物や、独特な中国方式の旗の揚げ方が描かれています。常に旗がなびく工夫が

されていて、これを取り入れているのが長崎式鯉幟の揚げ方です。彼の絵は情報量が多く、ワクワクしながら楽しんでいます。

3. 周りの塀もかなり高さがあるように描かれていますが、本籠町には唐人屋敷で行っているのを塀越しに覗き見して覚えていたという話があります。塀の内と外でどんな風に龍踊りを学んだのでしょうか。

▲『崎陽諏訪明神祭祀図』（大阪・中之島図書館蔵）

『崎陽諏訪明神祭祀図』
（大阪・中之島図書館蔵）

約200年前の文化年間(1804〜1817)の、くんちの後日の諏訪神社社頭から御旅所までの間に、14カ町の奉納踊りと御神輿の行列が描かれています。龍衆＝玉＋8人、楽隊=10人。傘鉾→ボサあげ→子供の龍踊り→龍踊り用の囃子→大道具→踊り子→踊り子用の囃子→舞台装置、などに加えて観客が描かれている珍しい絵・資料です。(長崎文献社より出版されているので、是非ご覧ください)その中の、本籠町・蛇踊は、

1. シンプルな衣装を着た玉使いが、太陽をイメージさせるような深紅の玉を棒の先にぶら下げ歩いています。龍は鋭く怖い顔で、大きな足、太い胴体は、全体的にトゲトゲしく見えます。
2. 荒々しい龍を幼い子供が操る対比が好きです。似たような絵は、長崎名勝図絵稿本にもありますが、こちらほうの詳しさが段違いです。
3. 踊り子さんの踊りがメインで龍踊りは脇役・前座なのが、龍踊りマニアからすると残念ですが、龍踊りの重要性が変化していく過程として重要な資料と考えています。

▲『唐人蛇躍図』（長崎古版画）

『唐人蛇躍図』（長崎古版画）

これも唐人屋敷の中のものと思われます。

龍衆＝玉＋6人、楽隊＝5人。

1. 優しい顔と目に対して荒々しい胴体や足と爪が目立ちます。

2. 楽隊の中央に火炎太鼓が描かれています、このころから現在の龍囃子の太鼓が、大小２個という構成に変化したのでしょう。ここに長喇叭が描かれていれば完璧なのに、使われてないのは残念です。

3. 現在も使用されている本籠町の大太鼓には、「文政8年（1825）」と書かれているので、本籠町の人がくんちで目を（耳を）引こうと二種類の太鼓を取入れたものでしょう。この推測が正しいのかどうかは、この古版画がいつごろ製作販売されたものなのか次第なので、出版の時期が大変気になります。ご存知の方がいらっしゃればお教えてください。

『蛇踊囃方』(長崎古版画)　楽隊８人

1. この古版画は画面に龍を描いていません。しかし、珍しい楽器一式のみで主役になり、楽隊だけを描くだけで商品として販売されています。ドンドコスットン……お囃子が聞こえてきそうで、楽しそうな雰囲気が画面に大きく描かれています。

2. 長崎大学・王維教授によると、小鉦の色が黒いので現在の真鍮とは材質が違う金属と思われ、音質も違う可能性があると教えてもらいました。片張太鼓も現在のものとは違い、少数民族の楽器だと思われるそうです。後述の『雲錦随筆』の別の記述に「朝鮮国太鼓之図」があり納得しています

3. カラフルな衣装に目を惹かれてしまいます。特に旗持ちさんと荷物持ちさんの膨らんでいるズボンはポルトガル風に見え、華やかに強調されて描かれています。そして篭の中身はなんだろう？ 気になります。あなたはどう思いますか？ ※長崎の古版画は当時全国の人に喜ばれる長崎のお土産でした。

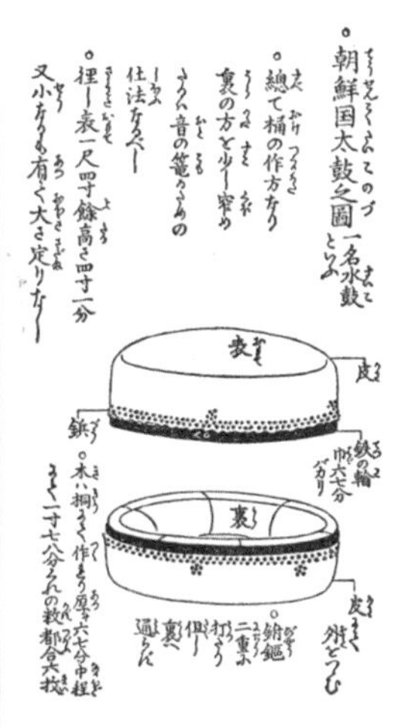

▲『蛇踊囃方』(長崎古版画)

図説
庶民芸能-江戸の見世物
古河三樹著
雄山閣BOOKS 8

三人は、

〽かんかんのうきうのれんす、きうはきうれんす、きうはきうれんれん、さんちよならえ、さァいィほう、にいくわんさん、いんぴいたいたい、やんあァろ、めんこんほほうでにくわんさん、もえもんとは、いい、ぴいはうはう。

看々踊番付

流行の看々踊

との唱歌を唄いながら異様の身振りで踊るのであった。次に蛇踊と名づけ、竜使い十五人が、彩色した木綿製の十五間余の竜に棒をさし、自由自在に動かすので、最後に珠を捧げた者が逃げると、それを目がけて竜が追いかける光景は、いかにも真にせまるほど鍛練したものであって、大いに異国情緒をみなぎらしたので大評判となった。続いて名古屋で、転じて江戸でも葺屋町や深川八幡鳥居前、回向院境内で見世物に興行して江戸市中を風靡した。

文政四年三月十五日から、深川永代寺（富岡門前町）で成田不動の出開帳があった。その時、唐人踊りという見世

112

▲『江戸の見世物』（古河三樹）

文章が加わった絵を読み解く

大都市興行　1820年に本籠町の人たちが、大阪（4月）、名古屋（7月ごろ）、江戸でおこなった興行の記録を調べたところ、以下の4点の資料がありました。それは『雲錦随筆』（大阪）、『見世物雑志』（名古屋）、『新卑姑射文庫』（名古屋）、『江戸の見世物』（絵はなく文章のみ）です。本籠町の各地での興行の記録を読み比べると、興行は内容や道具などは同じだと私は考えるのですが、各地での龍体や衣装・人数が違っているのは何故なのか不思議です。

理由が分からない所を悩みながらでも楽しんでいます。またすべての場所で前芸として看々踊が踊られています。

『江戸の見世物』（古河三樹）

絵はありませんが文章を読んで蛇踊りの動きと場所をイメージしてください。

「大阪堀江の荒木芝居で、長崎人が唐人めいた名をつけ中国の服装で蛇踊と名づけ、看々踊を前芸として長崎蛇踊を興行した。竜使い15人が彩色した木綿製の十五間余（約30メートル）の竜に棒をさし、自由自在に動かすので、最後に珠を捧げた者が逃げると、それを目がけて竜が追いかける光景は、いかにも真にせまるほど鍛錬したものであって、大いに異国情緒をみなぎらしたので大評判となった。続いて名古屋で転じて江戸でも葺屋町や深川八幡鳥居前、回向院境内で見世物に興行して江戸市中を風靡した。」

『見世物雑志』(小寺玉晁)

小寺玉晁
見世物雑志
郡司正勝・関山和夫編
三一書房
小寺玉晁

龍衆=5人、楽隊=4人。

1.『雲錦随筆』の大坂時代と比べると全体的に龍が小さくなり、肉づきもあまりないように見えます。

2. 書かれている名簿を見ると全体で龍おどり一座は、口上の花谷三八 以外の苗字は全員が長崎で、名前が、弐官・寒官・田官・重官・三官・四官・九官・左官・右官・治官・宗官、そして半六 という面白い芸名の13人で編成されています。

3. 名前の下には官が付いていますが、格式があるように付けたのか、どうしてこうなったのかわかりません。

「蛇踊の蛇至て面白く、蛇の飛行の形さらに妙也。海士の玉取の所也」

見世物雑志　巻一

○七月廿九日より、七つ寺大須通りぬけの所にて、長崎蛇踊と云者興行、名前、左之通。

長崎弐官　長崎九官
長崎寒官　長崎左官
長崎田官　長崎右官
長崎重官　長崎治官
長崎三官　長崎宗官
長崎四官。
口上　花谷三八。
太夫本　長崎半六。

かんかんの氷も今朝はとけそめて
きわきてひらく庭の梅が枝
よみ人しらず

此前芸に唐人おどりをする、唐ゐんのうたにて、すりがね・三ミせん・こきう・太皷にてはやす。おのおの唐人仕立なり。夫よりかんかんおどりをなす。

〽かんかんのふ引きうれんす、きわきれず、さじよならェ引、西方れいかんさん、一ぺんたいたいやつロ、一九か九は九てきいかん、さんさじよならェ引く

蛇踊の蛇至て面白く、蛇の飛行の形さらに妙也。海士の玉取の所也。

▲『見世物雑志』(小寺玉晁)

『新卑姑射文庫』（猿猴庵）

猿猴庵は蛇踊り以外の記述でも細かく絵や文章で記録しています。実際に観て観察しているからだろうと思われ、資料価値としては信頼できると思っています。興行の記録は４場面ありその中の２場面に蛇踊りが描かれています。

本芸蛇踊り図

1. 前の二つと比べて、龍体が全体的に細く棒が太く、衣装は西洋的な華やかな感じがします。

2. 玉使いは描かれず龍衆１５人が演じています。

3. 大切玉取には、玉使いと龍衆３人が描かれて、玉の飾りや衣装で蛇踊りの雰囲気が一転荒々しくなっています。

猿猴庵による詳しい記述をお読みください。

「此蛇の頭は甚重きものにて、大力の者これをつかふ由なり。興ある観にはあらざれども、つかひやうは人形をつかふよりも六かしきものの由、此つかひやうばかりにて竜の勢をなし、海上を游ぐ姿に見ゆ。其廻る間に、さまさまと蛇行をうねらす事なり。よくよく手かげん揃はずば、いかぬものなるべし」

「蛇行の出る先へ、唐人一人、黒ぬりの竿の頭に玉の形をつけたるを持出て、はしる跡より蛇行をつかひながら、これを追行さまをなし、仕廻には玉をもちたる唐人、又門のうちへにげ込と、蛇行も続て追込」

▼蛇踊り前芸 かんかん踊り

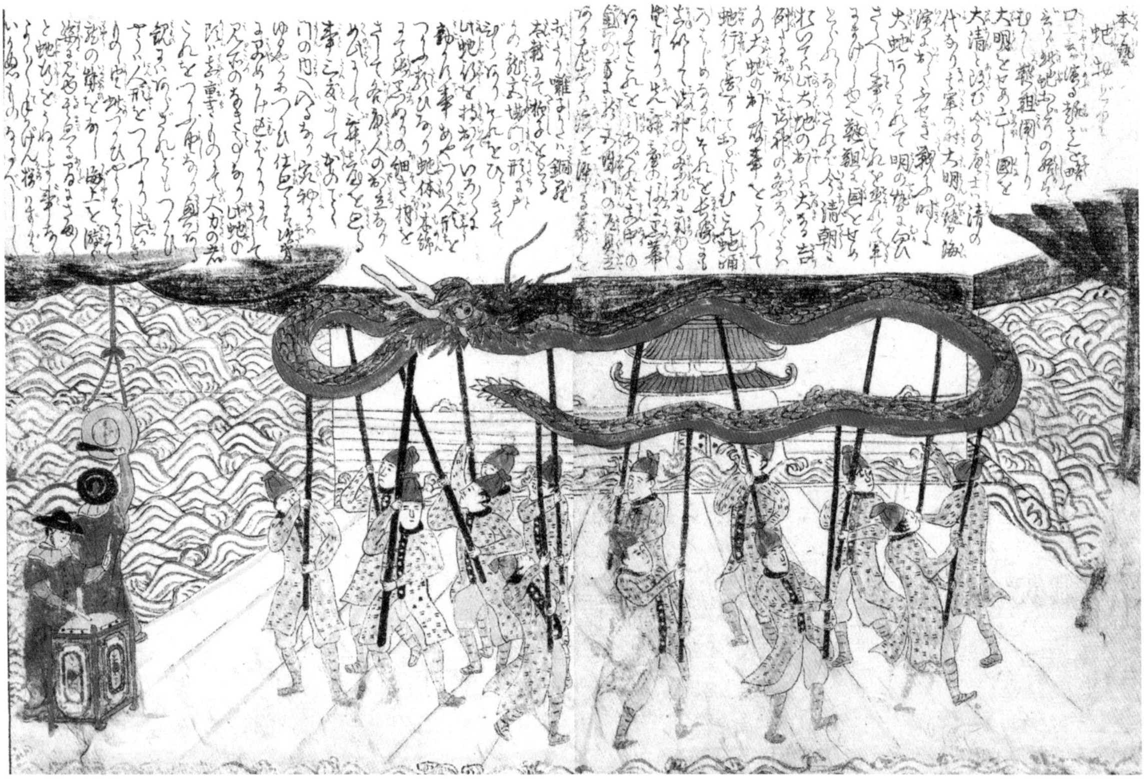

▲本芸 蛇踊り図

▲大切 玉取り

109　雲 錦 随 筆

▲『雲錦随筆』（暁晴翁）

『雲錦随筆』（暁晴翁）

龍衆＝玉＋6人。

1. 龍衆、玉持ちと 6 人が描かれています。龍は肉づきが良く足を含め全体的に大きく太く見えますが、全体はわかりません。

2. 玉は橋の欄干に飾られている擬宝珠に似ており、龍の大きさと比べると玉が小さくバランスが取れない感じがします。

3. 大きな手足にも棒が付いています。これは手足が重くて付けたのでしょう。それに加えて手足を動かすために付けたのだと思います。よく見ると右は伸びていて左は曲がっているので、これはもう可動式の手足に間違いないと確信しています。江戸時代の蛇踊りには現在やっていることと違う演技があったと思われます。それは手足で玉を捕まえる演技があったのかなと、楽しい想像をしています。

「蛇･じゃをつかふ事を為せり、俗に蛇踊といふ、是は蛇の形を木綿にて作り彩色をなし、杖を以てこれを動かし遣ふ事自在なり、珠を持たるもの前に進んで逃げる、是を目がけて蛇の追かくる形勢、最鍛錬せし者也」

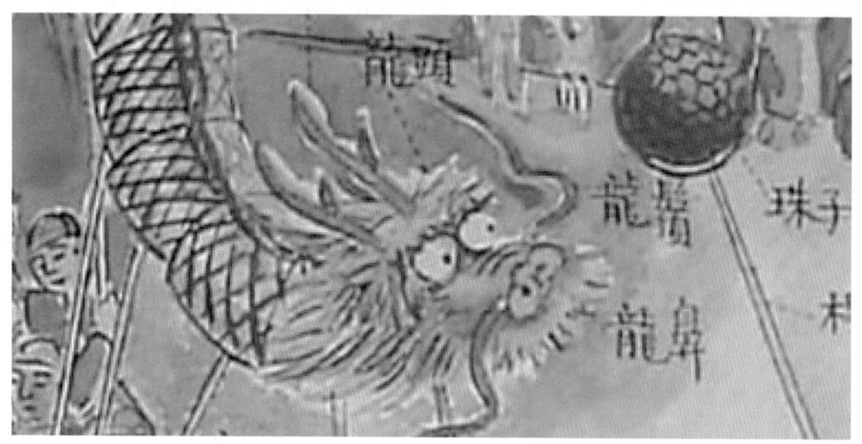

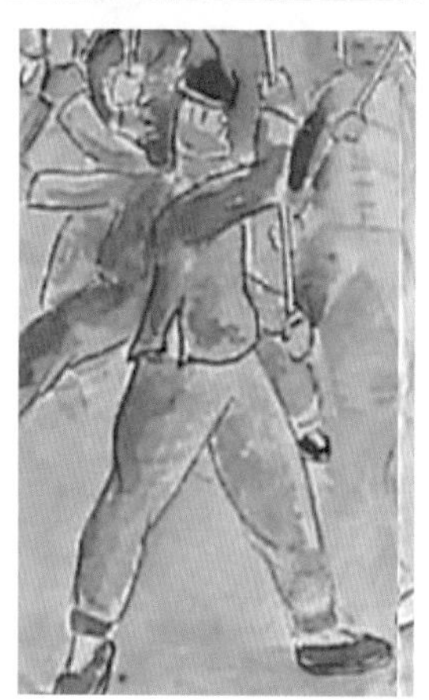

▲『清時代末期の龍踊り』(龍燈)

『清時代末期の龍踊り』(龍燈〔ロントン〕)

愛新覚羅溥儀のころの絵です、篭の数から推理すると30人と下使いで演じているようです。

1. ブルーのカンフーの上下がシンプルだけど華やかに見えます。

2. 今まで見てきた龍の顔とは違い嗅覚が鋭い感じがします。

3. 大きいことは良いことだと、中国では人数や長さが龍踊りの価値の一つになるのかもしれません。

歴史の最初と最後は偶然ですが、篭燈〔ロントン〕になりました。胴体の中にロウソクをともして、光かがやきながら練り歩いている龍踊りを想像してください。

▲2022年 長崎大くんち展

第7章・龍踊り命の保存会

命をそそぐ4町 長崎

くんち

命をそそぐ４町 長崎くんち

長崎くんちに出ている龍踊りは、籠町、諏訪町、筑後町、五嶋町の４つの町です。まず、４つの町の龍踊りについて簡単に述べたいと思います。

籠町 青龍１体

龍踊り元祖の町

享保年間などから始まったといわれていますが、正確な年号や奉納開始の時期は分りません。町にのこる伝承によれば、享保年間(1716 - 1736)か寛政年間(1789 - 1801)に始まったといわれています。当時の本籠町の隣りに唐人屋敷があり、上元の日(中国正月の元旦)に唐人屋敷内で踊っていた龍踊りを、唐人から習ったのがきっかけであるといわれています。

1964 年に諏訪町とともに、長崎県の無形民俗文化財に指定されています。籠町の演技の基本は、玉追い　玉探し　玉追い　アンコール(モッテコーイ)とオーソドックスな演技で、江戸時代に習った演技を守り続けています。青龍の鱗約８０００枚は龍衆の手作りであり、手作りをすることによって龍衆、ひいては、町民全体が龍踊りを行うという強い思いが込められています。また、1969 年に本籠町から籠町と町名表示を変更されています。

諏訪町

青白龍各1体、
子龍 各1体、孫龍1体

多彩な演出で観客を魅了

1886年に白龍が初めて登場しました。その後、1907年に青龍に変更、1975年から白龍と子龍が加わり、1986年には孫龍が加わり3世代の龍の家族になりました。子龍と親龍が交互に踊場で演技をすることで、演じている子供たちの可愛らしさと大人の力強さによる相乗効果があります。諏訪町の見せ場は「棒交代」です。龍の動きを止めずにうねりながら一瞬で黒衣装から白シャツ姿に交代する持ち手の動きに、視線を送りドキドキしながら見ることができるのです。また長崎出身の漫画家清水崑さんが描いた「山・川」の文字を使い、龍の男女の区別がわかる洒落た縫い付けがあります。担ぎ手を龍方（じゃかた）と呼び、黒子の意味合いを強く感じられるようにベストを着用しないのも、諏訪町の拘りとなります。

筑後町

青龍２体（１体は白髪）、白龍１体

龍踊り変更から７回出演半世紀

1973年から龍踊を奉納しています。以前は8人持ちの龍体もありましたが、現在は全て10人持ちとなっています。筑後町の見せ場は「巴踊り」です。３体の龍が狭い踊場でとぐろを巻いて探すだけでも大変なのに、その後３体が所狭しと乱舞しながらぶつからないように踊っている光景は、1＋1＋1＝3ではなく、3×3＝9の迫力です。また、巴踊りの名前の由来は、諏訪神社の森崎様の神紋から考えつかれたそうです。

五嶋町

青白龍各１体

新顔から常連へ

2000年辰年から龍踊りを奉納しはじめ、2014年からは白龍を新調し、2体での龍踊りが行われています。滑石竜踊保存会（長崎市指定無形民俗文化財）に指導を受け、協力してもらっています。滑石竜踊は明治時代に本籠町に習っているため、基本は籠町の流れを受け継いでいます。そこに3カ町の先輩たちと違う踊り方をしたいという町の考え方を加えて「より高く、より早く、そしてより勢いよく」が特徴になっています。

◆本籠町のくんち奉納特集◆

1811年ごろに描かれたと思われる『崎陽諏訪明神祭祀図』を見ると、傘鉾→ボサあげ→子供の蛇踊り→蛇踊り用囃子→大道具→踊り子→踊り子用囃子→舞台装置などが描かれています。絵から見ると今の龍踊りとは違い、踊りがメインで龍踊りは前座扱いに見えます。その7年後の1818年と思われる「名勝図絵稿本」では、傘鉾→ボサあげ→子供の龍踊りが行進しているのが描かれています。1820年に大阪、名古屋、江戸の興業をへて龍踊りが主役になったと思われます。

▲1941(昭和16)年の着色絵葉書、玉が胴体内側に隠れています。この年は蛇踊りの奉納無し。

▲平成初期の玉使い背刺繍、背に剣を付けているので傷みが激しく近年新調されている

本籠町(籠町)の関連年表

1716年	本籠町蛇踊りが始まったという記録がある。(諸説あり)※1689年唐人屋敷が完成し、1692年唐人のくんち見物許可が下りている。
1811年	『崎陽諏訪明神祭祀図』
1818年	『長崎名勝図絵稿本』
1820年	大阪、名古屋、江戸の興業をへて、龍踊りが主役になったと思われる。
1825年	大太鼓を作成。年号が太鼓の側面に書かれていて現在も使用されている。
1839年	井上竹逸「玉衣装50両」と、唐人からの寄進の記録がある。※20年余りで劇的な変化があり前座から主役になった。
1853年	関屋文白「龍舞は20人余り」※この年は将軍死去でくんち開催は、冬の12月に行われた珍しいくんちである。
1860年	フォーチュン「中国人の服装を着た男たちの行列で、巨大な竜を支え驚く方法でうねらせた。」
1867年	蛇踊り中絶　1886年の唐人屋敷廃止の影響。
1871年	蛇踊りは復興したが、正確な年代は不明。
1872年	東京深川での蛇踊りの興業予定が、火災の影響で演芸遠慮の指示で中止。
1884年	傘鉾と蛇踊
1891年	傘鉾と蛇踊
1898年	傘鉾と蛇踊
1905年	日露戦争のため傘鉾のみ
1912年	7月に明治天皇崩御のため1913年に繰延
1920年	龍衆が交代制となり総勢40名
1927年	傘鉾と蛇踊
1934年	傘鉾と蛇踊
1941年	太平洋戦争のため蛇踊囃子
1948年	傘鉾と蛇踊 復興祭・市民祭も共催
1949年	特別参加
1952年	国選定無形文化財に指定
1954年	特別参加
1955年	欠場。代りに諏訪町特別参加
1957年	蛇踊を龍踊に表記変更
1962年	傘鉾と龍踊
1963年	特別参加
1966年	特別参加
1969年	傘鉾と龍踊 本籠町から籠町に町名変更
1975年	特別参加
1976年	傘鉾と龍踊
1977年	特別参加、3年連続くんち出場
1983年	傘鉾と龍踊
1989年	特別参加
1991年	傘鉾と龍踊
1996年	特別参加
1998年	傘鉾と龍踊
2003年	特別参加
2005年	傘鉾と龍踊
2010年	特別参加
2012年	傘鉾と龍踊
2017年	特別参加
2019年	傘鉾と龍踊

その他各地の龍踊りの団体

長崎市

○滑石竜踊保存会

（長崎市指定無形民俗文化財）

○長崎観光龍踊り会

○十善寺龍踊会

○角上竜踊保存会

佐世保市

○三ヶ町蛇踊

○世知原龍踊り

平戸市

○築地町龍踊保存会

大村市

○木場竜踊保存会

○野岳蛇踊り

○立福寺龍踊

松浦市

○御厨蛇踊り保存会

西海市

○黒口龍踊保存会

時津町

○元村龍踊保存会

長与町

○斎藤郷蛇踊り

東彼杵町

○本町蛇踊り

学校関係

○長崎女子高龍踊部

○長崎大学龍踊部

○高田中学校

○諏訪小学校

○桜町小学校

○北保育園

県外

○東龍倶楽部・東京

○当麻蕃龍隊・北海道

○浅草金龍の舞・東京

龍 コラム

◆龍に関する豆百科◆

日本と中国の諺

「蛇足·だそく」余分なもの、不必要なものという言葉があるのはご存知でしょう。同じような言葉が中国にもあるそうです。長崎大学多文化社会学部・王維教授によると、中国には「画蛇添足（フゥアシゥーティエンヅゥー）」という言葉があり、「余計なことをしている」という意味だそうです。日本でも中国でも蛇ではなく龍のように足　耳　髭が描かれている動物が「蛇」になっていることが不思議です。現在の中国で演じられている龍踊りは「龍舞」と呼ぶのが一般的なようです。

あとがき

「龍学」という言葉を「留学」との掛け言葉で作ったものでしたが、龍踊りから学ぶことが多いことに気が付き、それに加えて根源の存在・龍からも学んでいます。龍踊りや龍から多くのエネルギー・夢・希望を受け取ることがあり、そして助けられました。龍は実在しない想像上の動物なので、龍を使うことで「何か不思議で面白いそして新しい世界を見ることが出来そう」と思う自分がいるのです。

私のマニアックな龍踊りの楽しみ方としては、龍頭や龍尾の演技を比べたり、2番3番の龍頭をサポートしている動きを注目したり、龍衆の交代が楽しみです。人垣越しに少し離れて見ている時に、常に龍体のどこかが見えているのが、龍踊りが良くうねっていることになるのを発見して大喜びしました。また鱗(うろこ)をお守りに持っていたり、龍踊りの歴史に詳しかったり、うんちくを語りたくなったり、手拭い全町持っていたり、龍の姿を見るだけでワクワクしたり、長喇叭が好きであったり、龍頭・衣装・龍囃子を観て聞いてどの団体かわかったり、日本が龍の形に似ていると思っています。

長崎くんちの龍踊りはスケールが大きくてもの凄く偉大で、手を伸ばしても届くことはありませんが、少しでもその背中を観ながら学んでいきたいものです。龍踊りを江戸時代からの長い道のりを繋いでくれている、先輩方そして現役の皆様に感謝している私です。

Daihachi Ōta
15. 11月24日

◇著者（河野謙）略歴

1954年　長崎県川棚町生まれ
1985年　初代龍体作成
1990年　長崎くんちに諏訪龍踊保存会の長喇叭で参加（この年限り）
1993年　二代目龍体の作成とともに、軽量化や衣装楽器購入のノウハウを蓄える
1998年　修学旅行体験学習を開始、以後500校を超える指導を行う
2004年　長崎大学龍踊部の設立・運営に協力する
2018年　みんなで龍になる・福音館書店発行・12万部、修学旅行龍踊体験が絵本になる

じゃおどりの世界 長崎龍学

発行日	2023年9月1日 発行
著者	河野 謙
発行人	片山仁志
編集人	堀 憲昭
発行所	株式会社 長崎文献社 〒850-0057 長崎市大黒町3-1 長崎交通産業ビル5階 TEL：095-823-5247 FAX：095-823-5252

本書をお読みになったご意見・ご感想を
下記URLまたは右記QRコードよりお寄せください。

ホームページ https://www.e-bunken.com

©Ken Kohno,Printed in Japan

ISBN978-4-88851-391-3 C0076

◇無断転載、複写を禁じます。
◇定価は表紙に掲載しています。
◇乱丁、落丁本は発行所宛てにお送りください。送料当方負担でお取り換えします。

「お鰭をどうぞ」に込められた
相手をいたわり、もてなす心
贅を尽くした長崎の
卓袱料理をご賞味ください。

史跡料亭 花月
〈完全予約制〉
095-822-0191
長崎市丸山町2番1号
HP
Instagram

長崎商工会議所はこれからも長崎くんちの振興・発展に努めてまいります。

令和4年10月7日～10日に開催した
「ながさき大くんち展・龍!!龍!!龍!!ゾーン」

CORE COMMUNICATE IN NAGASAKI
長崎商工会議所
〒850-8541 長崎市桜町4-1
TEL 095-822-0111 FAX 095-822-0112
長崎商工会議所
長崎伝統芸能振興会

まもなく130周年
おいしい文化を贈ります

梅月堂 本店
長崎県長崎市浜町7-3
☎095-825-3228
梅月堂

伝統の長崎染
(有)近藤染工場
長崎市高平町三─一
電　話(〇九五)八二二─二九一八
FAX(〇九五)八二一─六二八二

五嶋町くんち協賛会

コナミスポーツビル

中村倉庫株式会社

代表取締役
中　村　重　敏
〒850-0036
長崎市五島町5-38

長崎ぶたまん
桃太呂
商標登録・第4568746号

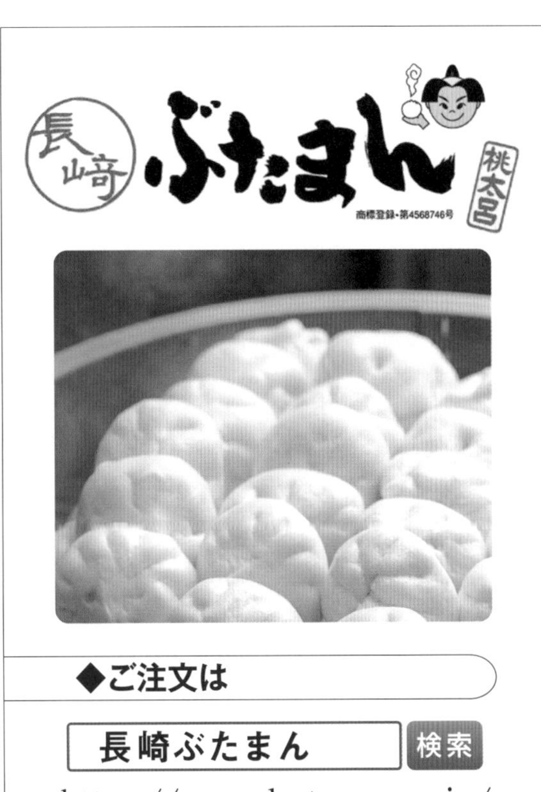

◆ご注文は
長崎ぶたまん　検索
https://www.butaman.co.jp/

美味しさを受け継いで
三百四十余年

松翁軒のカステラ

創業天和元年（１６８１年）。
今も変わらず受け継がれるのは、
手焼きへのこだわり。
熟練の職人がひとり一つの窯を受け持ち、
一枚一枚を、丹念に焼き上げます。

おいしい
カステラは、
長崎の文化です。

本店：長崎市魚の町3番19号　TEL.095（822）0410
■ 観光通り店　■ 長崎街道かもめ市場店　■ 大浦店　■ 滑石店　■ 博多駅マイング店
商品に関するお問い合わせは、フリーダイヤル　0120-150-750 まで。
https://shooken.com/